『皇室典範』を読む

―天皇家を縛る「掟」とは何か―

鈴木邦男　佐藤由樹

祥伝社黄金文庫

まえがき

「天皇陛下生前退位のご意向」のニュースには全国民が驚いた。二〇一六年七月十三日に夜六時五十五分の速報に続き、七時のＮＨＫニュースで伝えられ、その後、テレビ、新聞、週刊誌は大騒ぎとなった。

今まで国民の側からの天皇制論議はあった。「天皇制支持」「天皇制反対」と。最近は、反対はほとんどない。支持論者の中で、支持するが故《ゆえ》の注文、要望は多かった。こうしてほしい、ああしてほしいと国民は甘えていたのだ。まして天皇陛下の方から退位を言われるなんてありえない、と思っていたのだ。

天皇陛下のお仕事は大変だ。国事行為、ご公務、祭祀《さいし》。そして被災地のお見舞い。さらにサイパン、フィリピンの戦争での激戦地に行かれて、敵、味方を超えて慰霊されている。憲法を改正し、自衛隊を海外に出そうと考える安倍《あべ》政権。陛下はこれに不安を持たれても、一切発言はされない。政治に関与できないからだ。憲法にはそう書いてある。平和の意志は慰霊の旅で表現するしかない。

陛下は何事にも手を抜かれない。使命感へのこだわりだ。ただ最近は体力の衰えによって職務を全《まっと》うできず、不十分な結果になることを恐れられたのだろう。でも政府も国民も気付かなかった。気付かないままに激務を押しつけていたのだ。このNHKの衝撃的なニュースが流れた直後、何人かからメールや手紙をもらった。「誰も書いてないと思ったのに、君の本だけは触れていたし、今日あることも予知しえたのだろう」と。それが十一年前、祥伝社新書として出した『天皇家の掟――『皇室典範』を読む』だ。ただ、僕の単著ではなく共著だ。佐藤由樹《さとうゆうき》氏との共著だ。佐藤氏が膨大な資料を集め、読み、日本だけでなく、世界の王制をも研究し、そして大胆な提言をする。それに煽《あお》られて僕も必死に勉強し、僕自身の「視点」で提言を書いた。

佐藤氏はこの本の第八章で、なんと「象徴天皇制」について議論する上で、《(天皇の意思で)「天皇がいなくなる日」を想像すべきではないだろうか》と言っている。「生前退位」に言及している。僕もこの議論の危なさに気付きながらも、それに同意する提言を書いた。

それにこれは『皇室典範』が悪いと思った。天皇は政治的発言はできない。だが、皇室は日本にあるだけでありがたい。存在してくれるだけでありがたいと思っている。その皇室を、「お世継ぎ問題」「女性天皇論」……と『皇室典範』で縛っている。《人権のない御一家を弄んでいるのは国民だ!》とこの本の帯には書かれている。憲法改正などやらなくていい。この皇室典範の改正こそが先だ。だが、きちんと解説した本はほとんどない。

この本は現・旧の『皇室典範』について詳しく書き、何が問題かを考えた。アジア、ヨーロッパと世界中の王室を調べた。たとえば「王位継承」についてどうなっているのか、それも徹底的に調べた。そのことで、『皇室典範』の改正についても大胆に提言している。
十一年前に出した本だが、問題は何も変わっていない。それだけ、政府も国民もほったらかしにしてきたのだ。そして、天皇陛下の生前退位のご意向が伝えられた。八月八日には、陛下がビデオメッセージで「お気持ち」を述べられた。これ以上、先延ばしにはできない。国民的議論の中心として、考える必要がある。この本はその参考になると信じている。それで急遽《きゅうきょ》、大幅な加筆と訂正をして、祥伝社黄金文庫として出すことにした。

二〇一六年九月

鈴木邦男《すずきくにお》

『皇室典範』を読む――目次

第二章　『皇室典範』を読む……61

第三章　明治以前の皇位継承と八人十代の女帝……103

カバー写真／ＡＦＰ＝時事
編集協力：INTERNAUTS Inc. COMMON STOCK Inc.

第一章　生前退位問題と皇位継承問題

天皇陛下「生前退位」の意向

二〇一六年（平成二十八）七月十三日、NHKは午後七時のニュースで、「天皇陛下が『生前退位』の意向を示される」と報じた。

報道によると、天皇陛下は「憲法に定められた象徴としての務めを十分に果たせる者が天皇の位にあるべきだ」と考えており、同時に、大きく公務を減らしたり、代役を立てたりして天皇の位にとどまることは望まれておらず、「生前退位」の意向を宮内庁の関係者に示されているという。そして、数年内の譲位を望まれているということで、天皇陛下自身が広く内外にお気持ちを表わす方向で調整が進められていると報じられた。

国民にとってあまり馴染《なじ》みがなかった「生前退位」という言葉は、この日からメディアに多く流れることになり、世間は騒然となった。

いったい何が問題なのか。まず、皇位継承は、憲法第二条に「皇位は、世襲のものであつて、国会の議決した皇室典範の定めるところにより、これを継承する」と定められている。

『皇室典範』は、皇位継承の規則をはじめ、皇室制度を定めた基本法であり、皇族の身分、皇室会議の仕組みや権限など、天皇と皇族に関するさまざまな事項を規定している。

しかし、その『皇室典範』に、天皇の退位の規定はない。皇位継承については、皇室典範の第四条に「天皇が崩じたときは、皇嗣《こうし》が、直《ただ》ちに即位する」と記されているのみであり、天皇が亡くなったときにしか皇位は継承されないとされている。

そこで、天皇の退位を実現するためには、皇位継承をはじめ皇室制度の基本を定めた法律である『皇室典範』の改正が必要になってくるのだ。

二〇〇五年の『皇室典範』改正議論

今回の生前退位問題によって、『皇室典範』改正の議論が活発化するだろう。

しかし、『皇室典範』改正について議論されることは、今回が初めてではない。

二〇〇四年（平成十六）十二月に、政府は小泉純一郎《こいずみじゅんいちろう》首相（当時）の私的諮問機関として、「皇室典範に関する有識者会議」を設置し、『皇室典範』の改正を視野に入れながら、皇位継承資格者の範囲の拡大についての議論を始めていた。

『皇室典範』第一条には、「皇位は、皇統に属する男系の男子が、これを継承する」と記されている。二〇〇四年当時は、皇太子殿下に皇位が継承された後、皇位継承資格者として秋篠宮殿下などが存在するものの、次世代の皇族には女子しかいなかったため、「男系男子による皇位継承」を貫《つらぬ》けば、皇位継承が成立しなくなる可能性が高かった。そのため、女子による皇位継承を可能にする『皇室典範』改正議論がなされたのだった。

その後、二〇〇六年（平成十八）に秋篠宮同妃両殿下の間に、長男・悠仁《ひさひと》親王殿下がご誕生になり、次世代へ男系男子による皇位継承が可能になったこともあり、『皇室典範』議論は下火になっていった。

本書のなりたち

本書『『皇室典範』を読む』は、悠仁親王殿下がご誕生になる前の二〇〇五年（平成十七）に刊行された鈴木邦男氏と佐藤由樹の共著書『天皇家の掟』（祥伝社新書）を再刊行するものである。二〇一六年の生前退位問題を受けて、主にこの第一章を大幅に書き換えた。

皇位継承問題の本質を理解するためには、皇室制度を理解しなければならない。そこで、皇室に関わる諸事項の基本法である『皇室典範』の理解を主軸として、象徴天皇制のありかたを考えるための知識をまとめたものが『天皇家の掟』であり、本書『『皇室典範』を読む』も当時と同じ構成になっている。

本書の執筆は独特の体裁をとっている。まず佐藤が皇位継承に関する歴史や問題の所在をまとめ、各章の最後に鈴木邦男氏がその論点に向き合い、解説・主張するというスタイルだ。

『天皇家の掟』では、皇位継承問題をきっかけに『皇室典範』を読んだ。そこから浮かび上がってきた問題は、「退位の自由がない天皇陛下の存在によって、象徴天皇制が成り立っている」という事実だった。

あれから十一年が経《た》ち、二〇一六年に天皇陛下の生前退位の問題が浮上し、再び『皇室典範』について議論が始まった。皇位継承問題から『皇室典範』を読み、天皇の退位問題にたどり着いたのが二〇〇五年だったのなら、この二〇一六年に生前退位問題から『皇室典範』を読めば、皇位継承問題につながってくると考えている。

それには理由がある。生前退位問題も皇位継承問題も、共に『皇室典範』という特殊なルールが皇族の方々に一般国民とは異なる不自由や無理を強いていることが原因になっているからだ。

天皇も自然人であり、一般的な人権を持っている。しかし、『皇室典範』に従うならば、天皇は亡くなるそのときまで、天皇の役割を務めなければならない。

天皇陛下は、その地位を自《みずか》ら選択したわけではなく、職業選択の自由をはじめ、一般国民が持っている自由が制限されている。それでも、天皇陛下は、天皇という任務に向き合い、ご自身の活動をとおして、象徴天皇のあるべき姿を国民に示されてきた。天皇というお務めをまっとうしてきた天皇陛下のお気持ちを、私たちは真摯《しんし》に受け止めなければならない。

八月八日のビデオメッセージによるお言葉

宮内庁は二〇一六年八月八日午後三時に、天皇陛下が「象徴としてのお務め」についてのお気持ちを示したビデオメッセージを公表した。ビデオメッセージは約十一分で、同時にNHKはじめ地上波全局でも放映された。

天皇陛下がビデオメッセージを公表するのは、東日本大震災後の二〇一一年三月以来、二回目となる。ビデオメッセージは八月七日夕に、お住まいの皇居・御所で収録された。

ここで、天皇陛下のお言葉の全文を、あらためて読むことにしよう。

「象徴としてのお務めについての天皇陛下お言葉」全文

戦後七十年という大きな節目を過ぎ、二年後には、平成三十年を迎えます。

私も八十を越え、体力の面などから様々な制約を覚えることもあり、ここ数年、天皇としての自らの歩みを振り返るとともに、この先の自分の在り方や務めにつき、思いを致すようになりました。

天皇陛下が「お気持ち」を読み上げるビデオメッセージをJR新宿駅前の大型ビジョンで見る人たち。（2016年8月8日）　写真／時事

本日は、社会の高齢化が進む中、天皇もまた高齢となった場合、どのような在《あ》り方が望ましいか、天皇という立場上、現行の皇室制度に具体的に触れることは控えながら、私が個人として、これまでに考えて来たことを話したいと思います。

即位以来、私は国事行為を行《おこな》うと共に、日本国憲法下で象徴と位置づけられた天皇の望ましい在り方を、日々模索しつつ過ごして来ました。伝統の継承者として、これを守り続ける責任に深く思いを致し、更《さら》に日々新たになる日本と世界の中にあって、日本の皇室が、いかに伝統を現代に生かし、いきいきとして社会に内在し、人々の期待に応《こた》えていくかを考えつつ、今日に至っています。

そのような中、何年か前のことになりますが、二度の外科手術を受け、加えて高齢による体力の低下を覚えるようになった頃から、これから先、従来のように重い務めを果たすことが困難になった場合、どのように身を処していくことが、国にとり、国民にとり、また、私のあとを歩む皇族にとり良いことであるかにつき、考えるようになりました。既《すで》に八十を越え、幸いに健康であるとは申せ、次第に進む身体の衰えを考慮する時、これまでのように、全身全霊をもって象徴の務めを果たしていくことが、難しくなるのではないかと案じています。

私が天皇の位についてから、ほぼ二十八年、この間《かん》私は、我が国における多くの喜びの時、また悲しみの時を、人々と共に過ごして来ました。私はこれまで天皇の務めとして、何よりもまず国民の安寧《あんねい》と幸せを祈ることを大切に考えて来ましたが、同時に事にあたっては、時として人々の傍《かたわ》らに立ち、その声に耳を傾け、思いに寄り添うことも大切なことと考えて来ました。天皇が象徴であると共に、国民統合の象徴としての役割を果たすためには、天皇が国民に、天皇という象徴の立場への理解を求めると共に、天皇もまた、自らのありように深く心し、国民に対する理解を深め、常に国民と共にある自覚を自らの内に育てる必要を感じて来ました。こうした意味において、日本の各地、とりわけ遠隔の地や島々への旅も、私は天皇の象徴的行為として、大切なものと感じて来ました。皇太子の時代も含め、これまで私が皇后と共に行《おこな》って来たほぼ全国に及ぶ旅は、国内のどこにおいても、その地域を愛し、その共同体を地道に支える市井《しせい》の人々のあることを私に認識させ、私がこの認識をもって、天皇として大切な、国民を思い、国民のために祈るという務めを、人々への深い信頼と敬愛をもってなし得たことは、幸せなことでした。

天皇の高齢化に伴う対処の仕方が、国事行為や、その象徴としての行為を限りなく縮小していくことには、無理があろうと思われます。また、天皇が未成年であったり、重病などによりその機能を果たし得なくなった場合には、天皇の行為を代行する摂政《せっしょう》を置くことも考えられます。しかし、この場合も、天皇が十分にその立場に求められる務めを果たせぬまま、生涯の終わりに至るまで天皇であり続けることに変わりはありません。

天皇が健康を損《そこ》ない、深刻な状態に立ち至った場合、これまでにも見られたように、社会が停滞し、国民の暮らしにも様々な影響が及ぶことが懸念されます。更にこれまでの皇室のしきたりとして、天皇の終焉《しゅうえん》に当たっては、重い殯《もがり》の行事が連日ほぼ二ヶ月にわたって続き、その後喪儀《そうぎ》に関連する行事が、一年間続きます。その様々な行事と、新時代に関わる諸行事が同時に進行することから、行事に関わる人々、とりわけ残される家族は、非常に厳しい状況下に置かれざるを得ません。こうした事態を避けることは出来ないものだろうかとの思いが、胸に去来することもあります。

始めにも述べましたように、憲法の下《もと》、天皇は国政に関する権能を有しません。そうした中で、このたび我が国の長い天皇の歴史を改めて振り返りつつ、これからも皇室がどのような時にも国民と共にあり、相たずさえてこの国の未来を築いていけるよう、そして象徴天皇の務めが常に途切れることなく、安定的に続いていくことをひとえに念じ、ここに私の気持ちをお話しいたしました。

国民の理解を得られることを、切に願っています。

(原文のまま。振り仮名は適宜、編集部で補った)

「退位」という言葉がない

天皇陛下の「お言葉」を読んで、まず気づくのは「退位」や「譲位」という単語が一切登場しないことである。

単語が出てこないだけではない。「天皇が健康を損ない、深刻な状態に立ち至った場合」や「天皇の終焉」における困難に対して、「こうした事態を避けることは出来ないものだろうかとの思いが、胸に去来することもあります」という思いを述べているにすぎず、「こうした事態を避けること」の具体的な方法については、一切、述べられていない。

これは「お言葉」の中でも触れられているが、「天皇は国政に関する権能を有しない」という憲法第四条の規定に、細心の注意が払われているからだ。

その厳しい制約の中で、天皇陛下は「私が個人として考えてきたこと」として、さまざまな状況にお気遣いされながら、人間として率直なお気持ちを語られ、多くの国民の共感を呼んだ。具体的な発言を避けながらも、これだけ生前退位への意向をにじませていると ころに、天皇陛下の思いの強さを感じる。また、逆に考えれば、日本の皇室制度は、一人の人間である天皇陛下が、ご自身のお気持ちを表明することをこれだけ困難にしていると いうことだ。

象徴への務め

天皇陛下は「日本国憲法下で象徴と位置づけられた天皇の望ましい在り方を、日々模索しつつ過ごして来た」と述べられた。

天皇が強い思いを持って取り組んできた象徴の務めとは何か。

憲法第一条では、天皇は「日本国の象徴であり日本国民統合の象徴」で「主権の存する日本国民の総意に基く」と地位を定めている。天皇陛下は、現在の憲法の下で即位された初めての天皇である。

象徴としての活動の中で、特に天皇陛下の思いが表われている活動が、被災地への見舞いや戦没者慰霊だ。

即位された天皇陛下は、一九九〇年（平成三）に長崎県の雲仙《うんぜん》・普賢岳《ふげんだけ》噴火の被災地を慰問された。ノーネクタイで被災者の目の高さに合わせるために腰を落として語りかける姿は、国民に寄り添う新しい象徴天皇して、私たちの心に刻まれた。その後も、「国民を思い、国民のために祈る」という天皇陛下の務めとして、被災地慰問は続けられていった。二〇一一年（平成二十三）三月十一日に発生した東日本大震災では、地震直後の三月十六日に約五分半のビデオメッセージを発表した。

国内外への戦没者慰霊の旅へも続けられてきた。一九九三年（平成五）には、歴代天皇で初めて沖縄県を訪問し、戦没者遺族にねぎらいの言葉をかけられた。

節目の年には、両陛下で海外の激震地を巡った。戦後七十年となる二〇一五年（平成二十七）四月には、西太平洋のパラオ共和国のペリリュー島を公式訪問された。この島は、太平洋戦争の一九四四年（昭和十九）に、上陸した三万人近いアメリカ軍と壮絶な激戦となり、旧日本軍の守備隊約一万人が犠牲となった場所だ。天皇陛下はパラオご訪問にあたって、「太平洋に浮かぶ美しい島々で、このような悲しい歴史があったことを、私どもは決して忘れてはならない」と述べられた。四月九日には、ペリリュー島の最南端の「西太平洋戦没者の碑」に供花し深々と頭を下げ、海の先のもう一つの戦地、アンガウル島に向かっても頭を下げられた。

二〇一六年一月には、約五十二万人の日本人が命を落としたフィリピンを訪問し、日本人戦没者を悼《いた》む「比島戦没者の碑」に供花し、拝礼した。

天皇陛下は「お言葉」の中で「日本の各地、とりわけ遠隔の地や島々への旅も、私は天皇の象徴的行為として、大切なものと感じて来ました」と述べている。被災地慰問や戦没者慰霊は、平成になって天皇陛下がつくりあげた、象徴天皇のあるべき姿となっているのだ。

高齢による不安と公務縮小の困難

天皇陛下は「次第に進む身体の衰えを考慮する時、これまでのように、全身全霊をもって象徴の務めを果たしていくことが、難しくなるのではないか」と不安を率直に延べた。

現在（二〇一六年九月）八十二歳の天皇陛下は、過去に二度の外科手術を受けている。二〇〇三年（平成十五）一月に受けた東京大学医学部付属病院で前立腺がんの手術と、二〇一二年（平成二十四）二月に受けた同病院で心臓を取り巻く冠動脈のバイパス手術だ。

天皇陛下は今も、憲法に規定された国事行為をはじめ多くの公務で多忙を極めている。

天皇陛下の仕事は、大きく三つに分けられる。①憲法第六条や第七条が定める「国事行為」、②象徴天皇としての地位に基づく「公的行為」、③宮中祭祀《さいし》や私的な活動などの「その他の行為」である。このうち公務と呼ばれるのは、①の国事行為と、②の公的行為だ。

国事行為は内閣の助言と承認を必要とするもので、「首相の任命」「勲章の授与」といった儀礼的なものである。公的行為は「被災地訪問」「国賓《こくひん》の歓迎行事」「式典への出席」「園遊会の開催」など、数多くある。署名や押印の件数は年平均一千件、国内各地に出かけられる回数は年六十回近くあるという。

しかし、「お言葉」では、「天皇の高齢化に伴う対処の仕方が、国事行為や、その象徴としての行為を限りなく縮小していくことには、無理がある」と述べ、公務縮小による対応の限界を指摘した。

摂政の否定

『皇室典範』では、摂政を置くことも可能となっている。皇室典範第十六条には「（一）天皇が成年に達しないときは、摂政を置く」「（二）天皇が、精神若《も》しくは身体の重患又《また》は重大な事故により、国事に関する行為をみずからすることができないときは、皇室会議の議により、摂政を置く」と記されており、生前退位ではなく、摂政を置くという手段もある。

しかし、皇室典範で摂政を置くケースは、天皇の心身に重大な欠陥が生じた場合などを前提にしており、天皇の高齢化は前提にしていない。ただ、この規定を少し柔軟にすれば、制度としての退位規定は不要だという意見もある。

しかし、「お言葉」では、摂政を置いたとしても「天皇が十分にその立場に求められる務めを果たせぬまま、生涯の終わりに至るまで天皇であり続けることに変わりはありません」と述べられており、摂政を置くことでは根本的な解決にならないという考えを示されている。

明治以降では、摂政が置かれたことが一度だけある。大正時代の一九二一年（大正十）～一九二六年（大正十五）に、大正天皇の病状が悪化したため、当時皇太子だった昭和天皇が摂政を務めた。

また、昭和時代には、昭和天皇の外国訪問が難しかったため、当時皇太子だった天皇陛下が、名代として約三十カ国を訪問された。天皇陛下は二〇〇七年（平成十九）の記者会見でそのことに触れ、「相手国に礼を欠くように思われ、心の重いことでした」と述べられている。名代や摂政で天皇の務めをすることの困難さを、ご自身の体験から感じられたのではないだろうか。

過去の生前退位

かつて、生前退位をした天皇は存在したのか。

生前退位は、その地位を生きているうちに後継者へ譲り渡す行為であり、「譲位」とも呼ばれる。そして、譲位により皇位を後継者に譲った後の天皇に贈られる尊号は「太上《だいじょう》天皇」であり、「上皇《じょうこう》」と略される。

日本の歴史を振り返れば、生前に譲位して太上天皇になるというケースは決して珍しくなかった。昭和天皇までの歴代天皇一二四代のうち、生前に退位して皇位を譲った天皇は五十八人いると言われている。

最初の退位は「大化の改新」により退位した皇極《こうぎょく》天皇。皇極天皇は推古《すいこ》天皇に次ぐ二番目の女性天皇だ。「太上天皇（上皇）」の尊称が初めて与えられたのは、病気を理由に退位した持統《じとう》天皇。男性天皇の最初の退位は、仏教への帰依《きえ》を理由に退位した聖武《しょうむ》天皇である。

最後に生前退位が行なわれたのは江戸時代後期の第一一九代の光格《こうかく》天皇だ。三十数年間在位した後、一八一七年に退位した。その後は太上天皇（上皇）となって、一八四〇年に亡くなった。

「『皇室典範』改正」による生前退位の実現

天皇陛下が「生前退位」のご意向を示されたことを受け、政府はあらゆる選択肢を検討し、天皇陛下のお気持ちを最大限尊重する方向で対応すると報じられている。そこで、有識者会議を設置して議論を本格化させることが考えられる。

生前退位の実現のための法改正の形式には、大きく二つの方向性がある。一つは『皇室典範』の改正、もう一つは、現在の天皇陛下一代限りの特別立法によるものだ。政府は憲法の範囲内で、国民世論の動向や時間的制約を踏まえながら議論を進めなければならず、難しい対応を迫られている。

生前退位が恒久的な制度として必要ということになれば、『皇室典範』を改正することになる。論点は多岐にわたるが、まず議論しなければならない課題は、「どのような場合に退位が認められるのか」という条件だ。年齢や心身の状態に条件をつける必要があるのか、また、天皇の意思表示の方法についても明確にし、「天皇の恣意的《しいてき》な退位」や、誰かに辞めさせられるというような「強制的な退位」を防ぐ手立ても考えなければならない。

退位の手続き、すなわち「誰が退位を認めるのか」という問題もある。『皇室典範』の条項には「皇室会議の議による」という規定が多くあることもあり、皇室会議で審議するべきだという意見もある。『皇室典範』第二八条では、皇室会議の議員は、「皇族二人、衆議院議長及び副議長、参議院議長及び副議長、内閣総理大臣、宮内庁の長（宮内庁長官）、最高裁判所の長たる裁判官（最高裁判所長官）及びその他の裁判官一人」の十名で組織されると定めされている。

一方、「内閣総理大臣が天皇の退位に関わると、政治利用につながるのでは」という慎重論もある。

『皇室典範』改正に着手する場合、女性・女系天皇の容認や、女性皇族が結婚した後も皇族に残る「女性宮家」の創設など、過去に議論して棚上げされていた論点を、ふたたび議論する可能性もある。そのため、生前退位への国民の理解が得られても、女性の皇位継承問題で議論が長期化することが考えられる。

「特別立法」による生前退位の実現

生前退位を恒久的な制度とするための『皇室典範』改正のハードルは高い。そこで、『皇室典範』は改正せずに、特別立法により法整備をする可能性も高まっている。

特別立法は『皇室典範』改正よりも迅速な対応が可能である。また、女性の皇位継承など皇室制度全般の問題に議論が広がることを避けることができる。

安倍晋三《あべしんぞう》首相は、男系男子による皇位継承への強い思いがあると言われており、『皇室典範』を改正することについては消極的のようだ。小泉政権下で進められてきた『皇室典範』改正議論は、安倍政権になってからは実質的な議論をしたことがなく、棚上げ状態になっている。

天皇陛下は数年内の譲位を望まれていると報じられている。とするならば、『皇室典範』改正議論に時間をとることの難しさを理由にしながら、安倍首相は特別立法で退位を可能にしていくのではないか。

しかし、特別立法による法整備ができたとしても、それは一代限りの対応となり、抜本的解決にはつながらない。また、『皇室典範』が改正されないならば、皇位継承問題も解決されずに放置されてしまうことになるだろう。

雅子妃の体調不調問題

過去に皇位継承問題が注目されはじめた契機として、二〇〇〇年代前半の皇太子妃雅子さまの体調不調問題があった。

雅子さまは、二〇〇三年（平成十五）十二月に帯状疱疹《たいじょうほうしん》と診断され、その後約一年間、すべての公務を休んでいた。

そして、二〇〇四年（平成十六）七月に、雅子さまの病状は「適応障害」と公表された。適応障害は、ストレスから不安や抑うつ、不眠、全身倦怠感などの症状があるという。

その後、雅子さまは二〇〇五年（平成十七）一月二日に新年一般参賀に出席されて公務に復帰され、体調は徐々に快方に向かっていったもの、万全とは言えない状態が長く続いた。

このとき雅子さまに起こっていた問題について、日本のメディアはなかなか具体的に報じなかったが、イギリスのガーディアン紙とデイリー・テレグラフ紙が大きく取りあげた。二〇〇四年（平成十六）五月十三日付のデイリー・テレグラフ紙では「宮内庁は雅子妃が世継ぎの男子を出産するまで外遊に反対しているとみられている」と報じた。

雅子さまは皇太子妃という特別な立場にあるため、皇位継承者、すなわち「お世継ぎ」

2004年（平成16）5月10日、欧州歴訪前の記者会見において、皇太子殿下が雅子妃に関し「雅子の人格を否定するような動きがあったことも事実です」と発言して波紋を呼んだ

となる男子を出産することが期待されている実情がある。

二〇〇六年に秋篠宮同妃両殿下の間に悠仁親王殿下がご誕生になったが、二〇〇四年当時は、「次の世代の皇位継承者が不在になり、皇位継承が途絶えるのではないか」というプレッシャーが、雅子さまに重くのしかかっていたのだ。

『皇室典範』と皇位継承者の不在

皇位継承問題の根幹である皇位継承のルールは『皇室典範』に記されている。

『皇室典範』第一条には「皇位は、皇統に属する男系の男子が、これを継承する」と「男系男子の原則」が定められている。

第二条では、皇位継承順位を「①皇長子、②皇長孫、③その他の皇長子の子孫、④皇次子及びその子孫、⑤その他の皇子孫、⑥皇兄弟及びその子孫、⑦皇伯叔父及びその子孫」と定めている。さらに、これらの皇族がない時は、「皇位は、それ以上で、最近親の系統の皇族に、これを伝える」としている。また、これらの場合は、「長系を先にし、同等内では、長を先にする」とも規定されている。

この規定に従った二〇一六年（平成二十八）八月現在の皇位継承順位は次のようになる。①皇太子徳仁《なるひと》親王、②秋篠宮文仁《ふみひと》親王、③悠仁親王、④常陸宮正仁《まさひと》親王、⑤三笠宮崇《たか》仁《ひと》親王。

二〇〇五年当時は、悠仁親王がご誕生されていなかった。また、皇位継承資格を持つ三笠宮寛仁《ともひと》親王、桂宮宜仁《よしひと》親王がご存命だった（三笠宮寛仁親王は二〇一二年六月六日に薨《こう》去《きょ》。桂宮宜仁親王は二〇一四年六月八日に薨去）。そのため、皇位継承資格者は六人いたものの、男系男子の原則を貫けば、皇位継承資格者たちが崩御もしくは薨去した後は、次の世代に皇位が継承されることはなく、皇嗣は途絶えてしまう状況になっていた。

現在は悠仁親王がご誕生されたので、次世代へ皇位継承は可能になったが、問題の本質は変わっていない。

将来、悠仁親王に男子が生まれなければ、さらに次の世代へと皇位は継承されなくなってしまう。たった一人に皇統が託されているという現実は、制度的に無理があるのだ。

女子による皇位継承

そこで注目されているのが、女子による皇位継承だ。

秋篠宮さま以降にご誕生された現在の皇族として、次の七人の女子がいる。

三笠宮寛仁親王家の長女である彬子《あきこ》女王（一九八一年十二月二十日生）。同家の二女である瑶子《ようこ》女王（一九八三年十月二十五日生）。高円宮家の長女の承子《つぐこ》女王（一九八六年三月八日生)。同家の三女である絢子《あやこ》女王(一九九〇年九月十五日生)。秋篠宮家の長女である眞子《まこ》内親王(一九九一年十月二十三日生)。同家の二女である佳子《かこ》内親王(一九九四年十二月二十九日生)。皇太子さまの長女である愛子《あいこ》内親王(二〇〇一年十二月一日生)。

なお、『皇室典範』の第一二条に「皇族女子は、天皇及び皇族以外の者と婚姻した時は、皇族の身分を離れる」と規定されており、秋篠宮さま以降にご誕生された女子の皇族のうち、二人がご結婚され、皇族の身分を離れた。

一人は天皇家の長女で、紀宮《のりのみや》さまと呼ばれていた黒田清子《くろださやこ》さん(一九六九年四月十八日生)。黒田清子さんは、東京都職員の黒田慶樹《よしき》さんと二〇〇五年(平成十七)にご結婚され、民間人となった。もう一人は、高円宮家の次女である千家典子《せんげのりこ》さん(一九八八年七月二十二日生)。千家典子さんは、出雲大社禰宜《ねぎ》(当時)の千家国麿《くにまろ》氏と二〇一四年(平成二十六)にご結婚され、民間人となった。

先にご紹介した七人の女子の皇族も、将来的には結婚により皇族の身分を離れることになるため、皇族の人数はさらに減ってゆく可能性が高い。

しかし、『皇室典範』を改正し、女性皇族が結婚後も皇族の身分を保つとともに、女性も即位できるようになれば、皇位継承の可能性は大きく広がるのである。

「皇室典範に関する有識者会議」

女性による皇位継承について深く議論がなされたのは、小泉純一郎首相（当時）の私的諮問機関として二〇〇四年に設置された「皇室典範に関する有識者会議」（以下、「有識者会議」）である。「有識者会議」は、座長の吉川弘之《よしかわひろゆき》氏（産業技術総合研究所理事長〈当時〉、元東京大学総長）、座長代理の園部逸夫《そのべいつお》氏（元最高裁判所判事）をはじめ、合計十人のメンバーで構成されていた。

議論されてきた内容を見ると、前半は皇位継承についての「学習」の要素がほとんどだった。第一回は「現行皇位継承制度の仕組み」、第二回は「現『皇室典範』制定時の考え方、旧『皇室典範』成立時の考え方」、第三回は「皇位継承の時代的変遷、歴代の女性天皇について」、第四回は「皇室制度、皇室経済制度、諸外国における王位継承制度の例」などであった。

しかし、二〇〇五年五月十一日の第五回会議では、現行制度とは別の皇位継承ルールの四つの案が示され、女性天皇の実現へ向けた本格的な議論が始まった。

皇位継承シミュレーション

「有識者会議」第五回では、皇位継承ルールの典型例として、五種類の皇位継承ルールが示された。

《例1》男系男子限定の制度（男系男子限定）

現行の皇位継承ルール。男系男子に限定し、直系、長系を優先する。

《例2》長子優先の制度（長子優先）

男女を区別せずに、現行制度の順位設定の考え方を適用するもので、男女を問わず、直系、長系を優先する。

《例3》兄弟姉妹間で男子を優先する制度（兄弟姉妹間で男子優先）

長子優先を基本としつつ、現行制度の考え方に加え、兄弟姉妹間では男子優先という考え方を適用する。

《例4》男系男子を優先し、その後に男系男子以外の者を位置付ける制度（男系男子優先）

現行制度の継承順位の後に、現在は継承資格を持たない者を、直系、男系男子を始祖とする系、長系優先の考え方で位置付ける。

《例5》男子を優先し、その後に女子を位置付ける制度（男子優先）

男系男子ではなく男子一般を優先とし、男子、女子それぞれの中では、直系、男子を始祖とする系、長系優先とする。

新しい皇位継承制度案として挙げられた《例2》〜《例5》の四つのルールは、女性天皇・女系天皇が生まれる可能性がある。

二〇〇五年の「有識者会議」で検討された皇位継承ルールを、二〇一六年九月現在の皇族を対象として、各ルールの皇位継承順位の変化をシュミレーションすると【図1】（三十九頁参照）のようになる。

悠仁親王および皇族女子（内親王・女王）に将来男子が生まれた場合

現行制度と新しい皇位継承制度案、あわせて五種類の皇位継承ルールを現皇族の方々にあてはめてみたが、これらの皇位継承ルールは、皇族の将来に備えて検討されているものでもある。つまり、現在の皇族女性、特に内親王殿下と女王殿下が将来、お子様をもうけた場合を見据えてのものだ。

現行制度では、内親王殿下や女王殿下は皇位を継承できないし、そのお子さまも皇位を継承できない。しかし、新しい皇位継承制度案では、内親王殿下も女王殿下もそのお子さまにも皇位継承資格がある。そして、新しい皇位継承制度案では、そのお子さまの存在によって皇位継承順位が変わってくる。ゆえに、皇族の女子の方々が子をもうけた場合を想定して、皇位継承順位を検討してみる必要があるだろう。

お子さまの性別や兄弟姉妹の生まれた順序によって、継承順位は変わってくるので、未来のお子さまを想定するのは難しい。そこで、ここでは仮定として、悠仁親王および内親王殿下と女王殿下に男子が生まれた場合の皇位継承順位をシミュレートしてみた。

その皇位継承順位は【図2】(四十一頁参照)にまとめた。特に、《例4》の男系男子優先の場合と、《例5》の男子優先の場合とで、皇位継承順位が大きく変わることに注目してほしい。

男系と女系──旧皇族の皇籍復帰の可能性

「有識者会議」で議論された皇位継承ルールは、男系男子だけにとどまらない皇位継承を議論するものであった。新しいルールを見てわかるとおり、女系天皇を認めることが大前

【図１】現皇族と皇位継承順位

凡例　（記号内の数字は皇位継承順位。各制度例の考え方は本文参照）
◎＝≪例１≫「男系男子限定」の場合の継承順位＝現行制度
□＝≪例２≫「長子優先」の場合の継承順位
△＝≪例３≫「兄弟姉妹間で男子優先」の場合の継承順位
◇＝≪例４≫「男系男子優先」の場合の継承順位
○＝≪例５≫「男子優先」の場合の継承順位

▭＝今上天皇および現行制度で皇位継承資格を持つ人
※＝故人
（　）内＝皇籍を離れた人

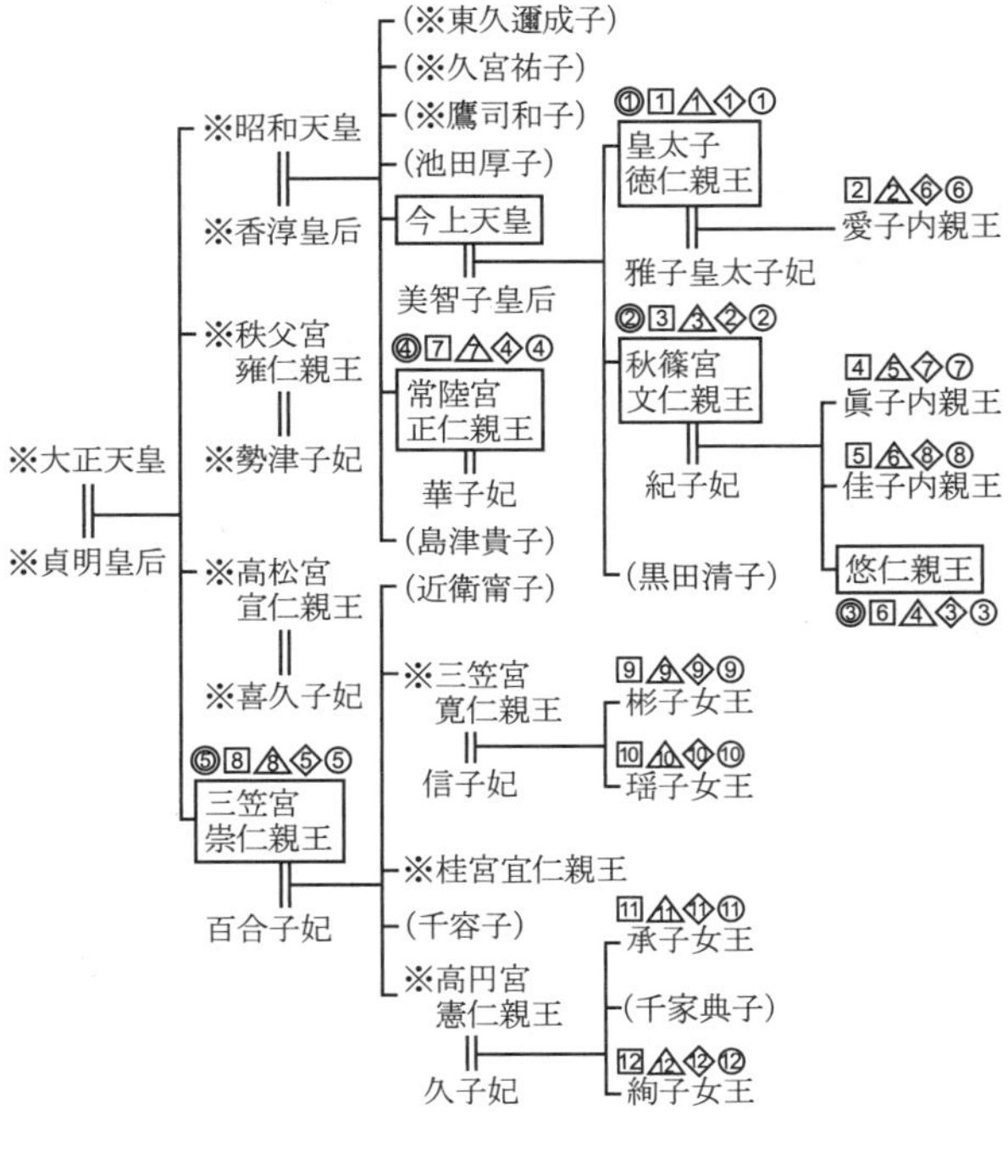

提となってくる。

皇位継承議論は、ただ単に女性の即位を認めるかどうかの議論であると誤解しがちだが、「女性天皇を認めるかどうか」以上に、「女系天皇を認めるかどうか」が重要であることを再確認しておきたい。

歴代天皇には八人十代の女性天皇が存在するが、すべて一代限りの女性天皇であり、彼女たちの子に皇位は継承されなかった。つまり、過去に男系女子の天皇は存在したが、女系女子の天皇は存在しなかったのである。

『皇室典範』改正で女性天皇が認められ、皇族女子が即位した場合、彼女たちは男系女子の天皇になるが、彼女たちは女系天皇ではない。彼女たちの子が即位した時に、その子が男子ならば「女系男子」、女性ならば「女系女子」の天皇になる。

女性天皇についての議論では、「女性天皇は過去に存在したが、彼女たちはみな男系の女性天皇。男系の女性天皇は認めても、女系の天皇は認めない」という主張もある。

では「男系の皇統」を維持するためにはどのような方策があるのか。男系男子による皇位継承ルールのひとつとして、男系の皇統である旧皇族の皇籍復帰というものがある。

現在の『皇室典範』の規定では皇族は「天皇及び皇族は、養子をすることができない」(『皇室典範』第九条)とされている。そのため、愛子さま、眞子さま、佳子さまは男系だ

【図２】悠仁親王および皇族女子（内親王・女王）に男子が生まれた場合の皇位継承順位

凡例　（記号内の数字は皇位継承順位。各制度例の考え方は本文参照）
◎＝≪例１≫「男系男子限定」の場合の継承順位＝現行制度
□＝≪例２≫「長子優先」の場合の継承順位
△＝≪例３≫「兄弟姉妹間で男子優先」の場合の継承順位
◇＝≪例４≫「男系男子優先」の場合の継承順位
○＝≪例５≫「男子優先」の場合の継承順位
□＝今上天皇および現行制度で皇位継承資格を持つ人　　┄□＝仮定
※＝故人
（　）内＝皇籍を離れた人

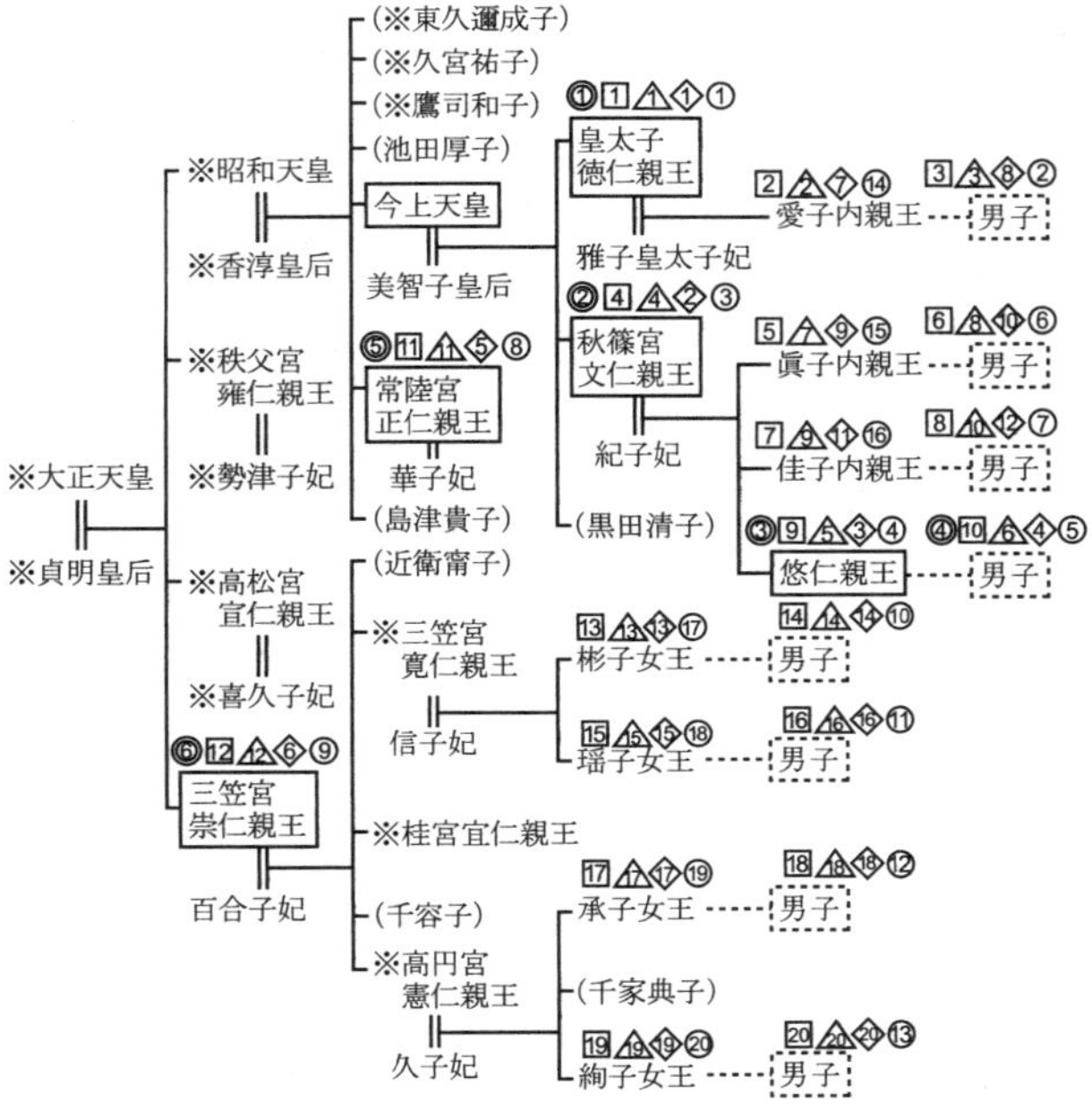

が、皇統を受け継いでいない民間の男性と結婚して子をもうけた場合、その子は男子であろうと女子であろうと女系に移ることになる。

しかし、『皇室典範』を改正して養子を認め、旧宮家の子孫（旧皇族）から養子をとり、皇族女性と婚姻すれば、男系男子の皇統を維持することはできる。旧皇族は男系の血統を受け継いでいるので、皇族女性が民間の男性と婚姻する場合とは異なり、旧皇族と皇族女性との間に誕生したお子さまは男系の血統を受け継ぐことになる。

二〇〇五年一月二十三日の産経新聞の一面に「旧皇族から養子検討　皇室典範有識者会議『男系継承』探る」という見出しがおどった。記事によれば、「有識者会議」で、旧皇族の男系男子を天皇や皇族の養子とすることを認める養子制度容認案を検討する方針を固めたというのだ。

旧宮家とは、戦後、連合国軍総司令部（GHQ）の意向などで、一九四七年（昭和二十二）に皇籍を離脱（臣籍降下）して皇族の地位を失った十一宮家のこと。山階《やましな》家、賀陽《かや》家、久邇《くに》家、梨本《なしもと》家、朝香《あさか》家、東久邇《ひがしくに》家、竹田《たけだ》家、北白川《きたしらかわ》家、伏見《ふしみ》家、閑院《かんいん》家、東伏見《ひがしふしみ》家がそれである。『文藝春秋』の二〇〇五年（平成十七）三月号の調査によると、このうち、山階家、閑院家、東伏見家はすでに断絶し、梨本家は後継者がいない。しかし、東久邇家、久邇家、朝香家、竹田家などに独身男性がおり、その他にも養子の対象になりやすい男子が存在するようだ。

しかしながら、第五回「有識者会議」後の会見で吉川弘之座長は、旧皇族復帰や養子の導入について、「委員はどんな問題があるかわかっています」と述べている。吉川座長がほのめかした旧皇族復帰の「問題」とはどのようなものか。その真意は定かではないが、一般的にいわれている旧皇族の皇籍復帰の問題点は次のようなものがある

まず、旧皇族の方々は皇籍を離脱してすでに約七十年も経っていることが挙げられる。一般人として生活されていた方々が今になって皇籍復帰しても、国民が皇族として認識するのは感情的に無理があるのではと危惧されている。

また、内親王と婚姻して宮家を創設するという案もあるが、それは皇統の存続のために内親王の皇婿が決められてしまうことを意味する。もちろん本人の意思がなければ婚姻は成立しないだろうが、旧皇族と女性皇族が婚姻することが皇統断絶の危機を逃れる方策であるならば、少なからず婚姻に対する圧力がかかるだろう。

さらに、あくまでも可能性の上での話であるが、旧皇族の方が政治的な企みをもって皇籍復帰を望む場合もありうる。

これらの問題点を考えて、女性皇族との婚姻や養子によって、旧皇族を皇籍に迎え入れることは国民感情にそぐわないのではないかという意見がある。

「男系男子の皇位継承」という伝統

『皇室典範』改正の議論については賛否さまざまな主張がある。その議論の全体像をつかむために、『皇室典範』改正と皇位継承問題についての代表的な意見を簡単に紹介していきたい。

男系男子による皇位継承を主張する立場の代表的な意見として、初代天皇から今上天皇まで、男性天皇の男系の子孫にのみ皇位が継承されていることを重視する立場がある。この伝統は一二五代もの長い間続いてきたものであり、日本という国の根幹となる伝統であるため、簡単に変えるべきではないというのがその主張だ。

また、遺伝学的見地から神武天皇の染色体の継承に着目し、男系男子による皇位継承を守るべきという意見がある。法学者の八木秀次《ひでつぐ》氏の主張がこれにあたる。まず、男性の性染色体はXY、女性の性染色体はXXである。初代の男性、すなわち神武天皇のY染色体(Y1)は、どんなに直系から血が遠くなっても男系の男子には必ず継承されている。逆に女系では、男性でも女性でも、初代神武天皇の染色体を継承している人はほぼ存在しない。「万世一系」の天皇という存在は血統原理で成り立っており、この血統原理の根幹である初代神武天皇の染色体を受け継ぐために、男系男子による皇位継承を変えてはならないという。

女性の皇位継承を認めるべきという意見の中には、「男系男子による皇位継承は、過去に側室が認められていたからこそ保ち続けることができた」という主張がある。明治期に成立した旧『皇室典範』では、皇嫡子孫のない時は庶子（側室の所生）の子孫の継承を認めている。実際に、二二代清寧《せいねい》天皇の皇位を継承した二三代顕宗《けんぞう》天皇は一七代履中《りちゅう》天皇の庶孫であるし、二五代武烈《ぶれつ》天皇の皇位を継承した二六代継体《けいたい》天皇は、一五代応神《おうじん》天皇の庶出五世孫でである。また、一二一代孝明《こうめい》天皇、一二二代明治天皇、一二三代大正天皇は側室から生まれている。このように、庶子が皇位を継承できたからこそ男系男子による皇統が守られてきたといえる。しかし、昭和天皇が側室を廃止し、現在も側室という存在がない以上、男系男子の皇位継承を保つのは難しい。

また、『皇室典範』には「男系男子による継承」が記されているが、『皇室典範』より上位法である『日本国憲法』には「皇位は世襲」と明記されており、「男系男子による継承」には言及していない。このために、皇位継承は男女を問わず認める方向で改正するべきという意見もある。

女性天皇の前例

女性天皇容認派の主張として、過去に八人十代の女性天皇がいたことを前例としてあげている。三三代推古《すいこ》天皇、三五代皇極天皇、三七代斉明《さいめい》天皇（皇極天皇重祚《ちょうそ》：以前の天皇が再び即位することを「重祚」という）、四一代持統天皇、四三代元明《げんめい》天皇、四四代元《げん》正《しょう》天皇、四六代孝謙《こうけん》天皇、四八代称徳《しょうとく》天皇（孝謙天皇重祚）、一〇九代明正《めいしょう》天皇、一一七代後桜町《ごさくらまち》天皇が過去の女帝だ。女性天皇の前例があるのだから、女性が即位することも認めるべきだという主張がある。

しかし、過去に「女性天皇」は存在したが、「女性天皇の子」が即位した例はなく、「女系天皇」は存在しなかった。過去の女性天皇は、本命の男系男子の皇位継承者が幼いなどの理由で即位できないため、本命の皇位継承者が成長するまでの「中継ぎ役」だった。また、過去の女帝はみな寡婦か独身で結婚をしなかった。このように、過去に女性天皇が存在していたとはいえ、皇統が一貫して男系であり、女系は存在しなかったことから、女性天皇を前例に女系を容認してはならないという主張がある。

この「過去の女性天皇は中継ぎ役」という意見に対して、すべての女性天皇が幼少の皇位継承者が即位するまでの『中継ぎ役』というわけではないという反論もある。たとえば、推古天皇の時代は譲位の慣行がなく推古天皇が長命だったこともあって、在位三十六年にもおよんでいる。推古天皇に関しては、上記のような「中継ぎ役」として即位したというよりは、当時の政治勢力図において、最もバランスの取れた位置にいる人物だったからという見方が強い。

旧皇族の皇籍復帰

男系による皇位継承を維持するために、『皇室典範』第九条の「天皇及び皇族は、養子をすることができない」という条文を改めて皇族に養子を認め、臣籍降下した旧十一宮家の皇族男子を皇族の養子にとり、さらに愛子さまなどの内親王や女王と結婚するのがよいという主張がある。

それに対して、いくら男系を尊ぶからといって旧十一宮家の人に皇族に復帰してもらうというのは不自然だし、養子となるのは国民感情にそぐわないという反論がある。

また、戦後に皇籍を離脱した十一宮家は、すべて伏見宮の系統に属するが、この系統は、今の皇室の系統とは、約五百九十年前の室町時代に分かれており、また、皇籍離脱してから約七十年も経過しているため、あまりにも遠い血筋ではないかという意見もある。

それに対して、遠い血筋で皇位継承が行なわれた先例から反論する意見もある。たとえば、二六代継体天皇は先代の二五代武烈天皇とは九親等の隔たりが、一〇二代後花園《ごはなぞの》天皇も先代の一〇一代称光《しょうこう》天皇とは九親等の隔たりが、一一九代光格《こうかく》天皇も先代の一一八代後桃園《ごももぞの》天皇とは八親等の隔たりがあったという前例を挙げる人もいる。

「有識者会議」の結論と悠仁さまご誕生

「皇室典範に関する有識者会議」は、二〇〇五年一月以来、十七回の会合が開催され、現在の日本社会において広く受け入れられる結論を求めて議論が続けられてきた。そして議論の集大成として、同年十一月二十四日に「報告書」がまとめられた。

報告書については第七章でも触れるが、そこでは、今後の望ましい皇位継承資格のあり方として、「皇位継承資格を女性や女系の皇族に拡大することが適当である」とする結論が出された。当時の小泉純一郎首相は、『皇室典範』改正に向けた法案提出をめざした。しかし、二〇〇六年二月に秋篠宮紀子さまのご懐妊が明らかになると自民党内に慎重論が広がり、法案提出は見送りとなった。そして、二〇〇六年に、秋篠宮同妃両殿下の間に、男系男子の皇位継承権三位となる長男・悠仁親王殿下がご誕生になり、次世代への男系男子による皇位継承が可能になった。

二〇〇七年（平成十九）一月には、当時の安倍晋三首相は、秋篠宮家に悠仁さまが皇室の約四〇年ぶりの男子として誕生されたことから、報告書の前提条件が変わったと判断し、「有識者会議」がまとめた報告書を白紙に戻す方針を決めた。皇位継承維持の方策については、『皇室典範』改正や特別措置法制定を視野に、政府内で議論を開始するとしたが、その後、積極的に議論されたとは言い難い。

天皇や皇族に無理を強いている皇室典範

しかし、悠仁さまがご誕生になった現在も、本質的な問題は変わっていない。

今のところ、皇太子さま、秋篠宮さま、悠仁さままでは、男系男子で皇位が継承される見通しがある。しかし、若い次世代の皇位継承者が悠仁さま一人という状況は、制度的に無理がある。将来にわたって安定的な皇位継承が確保されたわけではない。女性天皇や女系天皇の選択肢も含め、将来の課題として議論する必要がある。

また現在、『皇室典範』の「天皇の退位の規定がない」という点が注目されているが、他の皇族の皇籍離脱も制限されている。『皇室典範』第一一条によれば、親王（皇太子及び皇太孫を除く）・内親王・王・女王は、やむを得ない特別の事由がある時は、皇室会議の議により皇族の身分を離れることができるとしている。ここに「皇太子及び皇太孫を除く」とあるように、皇太子や皇太孫は皇籍を離脱することができないのである。

このように『皇室典範』は、現在の制度では皇位継承を安定的に継続することができないという点と、天皇の退位規定がなく皇族の離脱の自由が制限されているという点で、天皇や皇族に無理を強いている側面がある。

象徴天皇制の将来を考えるうえで、『皇室典範』の改正を進めていくことは不可欠である。そのためにはまず、『皇室典範』の理解が必要になってくる。

本書は、『皇室典範』をさまざまな角度から説明していくものである。第二章以降は、主に二〇〇五年に執筆したものであるが、当時の議論を振り返りながら、『皇室典範』が抱える問題を理解することは、天皇の生前退位問題を考える上の基礎知識となるだろう。

■鈴木邦男の視点■　誰のための皇室問題か？

皇室の将来について、これほど熱く、激越に議論された時は他にないだろう。国民の多くが、皇室は続いてもらいたいと思っている。

皇室がなくなったら大変だと心配している。それゆえの議論だ。だから、かつての「天皇制是か非か」の議論とは違う。「天皇制は差別の元凶だ」「天皇制、打倒！」と叫ぶ人はいない。いや、少しはいるのだろうが、目につかない。「革命を起こし共和制にする。その時は天皇制は廃止だ！」と言う人もいない。一九七〇年代、学生運動が激しく燃えた時はいた。敗戦直後にも、そう主張する人はいた。しかし今はいない。

昔は「天皇制打倒」の左翼と、「天皇制擁護」の右翼。その両極があって、死闘を展開している。そんな構図があった。今はそんな構図はない。圧倒的多くの国民が、天皇制（皇室）があった方がいいと思っている。天皇制をめぐっての「左右激突」はない。存続を認めた上での、いわば「右右対決」だ。つまり、大前提（天皇制の存続）を願い、認めた上での方法論の違いだ。だったら問題は簡単だろう、と思うかもしれないが、違う。「大前提」が同じなだけに「違い・対立点」は感情的になり、専門的になる。そこまで言っていいのかよ、と思うような議論も多い。それがかえって、「大前提」を切り崩すことにもなりかねない。

二〇〇五年に起こっていた問題を具体的に言うとこうだ。皇太子さまにも秋篠宮さまにも、お子さんは女の子だけだ。『皇室典範』では、「皇位は、皇統に属する男系の男子が、これを継承する」と書かれている。他の皇族にも男の子はいない。これでは皇位継承が途絶える。何とかしなくては、と皆、必死に考えた。「何とか男の子を生んでほしい」という声はまだある。「それが無理なら、いっそ女帝（女性天皇）を認めたらいいじゃないか」という声も出てきた。その為には『皇室典範』を改正する。皇室の歴史にも八人十代の女帝がいる。これで行こうという声が主流になってきた。

それに対し、「いや、女帝は中継ぎで、例外的な存在だ。やはり男系男子でなければならない」と反対論も出た。男の子が生まれなければ、旧宮家の人を皇族に戻し、そこから考えたらいいと言う。どっちにしろ現在の『皇室典範』を改正するしかない。いわば、時代の要請を受けて、「皇室典範に関する有識者会議」（以下、「有識者会議」）が設置された。

そうした言動は、「好意」「善意」から生まれている提言だし、「よかれ」と思って言っている。しかし、善意でも当事者にとってはプレッシャーになる。愛子さまが生まれた時、「次は男のお子さんを」と多くの人々はコメントした。宮内庁も、外遊に反対し、それよりも早くお世継ぎの男の子を、とせかした。当時の湯浅宮内庁長官の発言もひどかった。「やはりもう一人ほしい」と言った。女の子ではダメだ。男の子を生めと言っているのだ。さらに「秋篠宮殿下ご夫妻に第三子を期待したい」とも言った。雅子さまではダメだから、紀子さまに男の子を生んでほしいと言っているのだ。人格無視も甚だしい。こんな長官は即座にクビにするべきだった。「でも善意からだから」と国民の側も鈍感になっている。

こうなると、善意や好意ではない。要望、提言でもない。脅迫だ。皇太子さまが怒るのも当然だ。「自分たちは子供を生むための機械ではない」と叫びたいのだろう。雅子さまは外交官の仕事を続けたかった。しかし、「皇室に入っても外交官の仕事はできる」と皇太子さまに口説き落とされて、皇室に入った。皇太子さまは、新しい皇室外交を考えていたのだろう。夢も持っていた。そのパートナーとして雅子さまは最もふさわしいと思った。

ところが宮内庁は、「男の子が生めるかどうか」しか頭にない。雅子さまは三人姉妹だ。妹二人は双児だ。女性が多い家系だと想像したのかもしれない。ただ、それを理由にしたのでは世論の批判にあう。だから、「親類にチッソの会長がいる」といって反対した。

皇太子さまは粘り強く説得した。この人以外にいない、と思ったからだ。極端な事を言うならば、女の子しか生まれないかもしれない。あるいは子供は生まれないかもしれない。それでもいい。妃殿下として雅子さま以外には考えられない。二人で新しい皇室をつくり、皇室外交をやってゆく。そう思ったのだろう。

それなのに今頃、宮内庁は何を言うのだ。という皇太子さまの不満がある。また、好意や善意にかこつけた「強制」や「脅迫」が罷り通っている。そのプレッシャーで雅子さまは病気になった。残酷な話だ。そんな残酷な事を、宮内庁も政府も、マスコミも、いや、我々も強いているのだ。

一般社会では許されない仕打ち

考えてもみたらいい。こんな残酷な事は、一般社会では許されない。子供のいない家庭や、女の子だけの家庭に対し、「どうして男の子を生まないんだ。ダメじゃないか」なんて絶対に言えない。ましてや、「男の子を生まない奥さんなんか離婚して、生める人と再婚しなさいよ」なんて、口が裂けても言えない。「お妾さんを持って男の子を生んでもらいなさいよ」などとも言えない。人間として言ってはいけない事だ。

だが、皇室に対しては平気で言っている。人間として見ていないのか。今の家族のありようはさまざまだ。女の子だけの家庭もあるし、子供のいない家庭もある。一生独身という選択もある。それに対し、誰も文句も言わないし、非難もされない。それなのに皇室だけは非難される。奇妙だ。天皇は日本国の象徴だ。つまり日本人の生活の変化とも対応している。それなのに、日本人の生活観、家庭観からかけ離れた旧態依然とした価値観を皇室にだけは押しつけている。「有識者会議」もいいだろう。学者や評論家が、「女帝がいい」「いや女帝じゃダメだ」「旧宮家の人を皇室に戻して、そこから考えるべきだ」…とまさに百家争鳴だ。

それもいい。しかし「これだけ議論しました。あとは天皇陛下に決めて頂きたい」と、それでいいのではないか。『朝日新聞』(二〇〇五年六月二十九日付夕刊)に僕はそう書いた。「その通りだ」と言う人がかなりいた。

「そうだよね。一般の家だって、親が決めるんだよな」と言ってた人もいた。長男に継がせる。あるいは女の子だけの時は、養子をもらって家を存続させる。あるいは、嫁に行っていい。家はなくなっていい……と、いろんな選択がある。父親の判断だけでなく、家の人が話し合って決めることだ。他人が口を出す問題ではない。ましてや、離婚して男の子を生める人と再婚しなさいなんて言えない。いらぬお世話だ。

「いや、皇室は一般家庭とは違う」と反論する人がいるだろう。それはわかる。その上で、なお、天皇陛下に決めてもらえばいいと思っている。「いや、天皇に任せたら不安だ。だからわれわれが考えてやるのだ」というのなら、こんな不敬な話はない。天皇を信用してないことだ。あるいは、「皇位継承は『皇室典範』で決められたことだから」と言うかもしれない。だったら、そんな『皇室典範』など、やめてしまえばいい。僕はそこまで思う。

現『皇室典範』は敗戦後、生まれた。旧『皇室典範』は『大日本帝国憲法』と同時に生まれた。ともに、外国の例を参考にして、皇位継承の順番などを決めたものだ。だったら、皇室の家法だし、わざわざ法律にすることはない。天皇が次はどうしようかと考える時の「参考」にすれば、それでいい。

明治以前は、そんな堅苦しいものはない。天皇を規定する法律は七五七年施行の『養老令』ぐらいだ。それでいい。そこに戻ったらいい。「でも、皇位継承の順番が法律で決めてないと混乱が起こるのではないか」と心配する人もいるだろう。

たしかに混乱する。昔は天皇の位をめぐって争い、時には殺し合いもした。また、どの皇太子をかつぐかで争いも起きた。しかし、それは天皇が権力だったからだ。また、武士が権力を握る上での後楯になる権威だったからだ。でも今は、天皇に権力はない。政治にはタッチしていない。だから、『皇室典範』もいらない。

後で触れると思うが、天皇は男子でなければならないと思い、明治時代に旧『皇室典範』で決めたのは、明治時代が男性国家だったからだ。西欧列強の仲間入りをし、日本も近代国家になる。そういう雄々しい国家の元首としては、男子でなければ、と思ったのだ。それに軍隊もあった。軍隊を統帥する。大元帥服を着て、白馬にまたがる。どうしても天皇は男子でなければ、と思ったのだ。でも今は軍隊はない。自衛隊はあるが、軍隊ではないと言っている。少なくとも、天皇の軍隊ではない。これから憲法改正の気運が盛り上がり、九条が改正され、自衛隊が国軍と認められるかもしれない。防衛庁は国防省になるだろう。しかし、そうなった時でも、天皇と軍隊は結びつかない。「天皇の軍隊」にはならない。

もっと自由な皇室へ

天皇は政治の外にいるし、軍隊の外にいる。象徴的・文化的な存在だ。だったら女帝でも構わない。むしろ、平和日本の象徴として、よりふさわしいかもしれない。世論調査を見ても、女帝容認は多い。政党でも、民主党、公明党、社民党は女帝を認めている。自民党でも認める人が多い。共産党だけはコメントをしていない。女帝を認めると、天皇制を積極的に認めることになりマズイと思っているのか。不可解な政党だ。かといって、「個人的にはこう思う」という自由もない。不自由だ。本当の所は、党員の半分以上は女帝容認だと思うのだが、どうだろうか。

その点、社民党の方がさばけている。『皇室典範』が男性天皇しか認めていないことは「女性差別撤廃条約に反する」と言う。『皇室典範』を改正しろと言う。憲法の改正ならば絶対反対だが、法律ならば、いくら改正してもいいのだろう。テレビで各党の代表が出た時も、共産党はノーコメント。それに比べ、女帝容認の社民党は振るっていた。

「ええ、賛成です。うちもずっと女帝ですから」

これには笑った。ユーモアがある。社民党は土井たか子氏、福島瑞穂氏と、党首は女性が続いている。そのことを言っていたのだ。二〇〇五年（平成十七）四月五日、『論座』十周年パーティで福島党首と会ったので、その話をした。「そうよ、うちもずっと女帝よ」と胸を張っていた。「それにアメリカべったりの小泉に比べたら、うちの方がずっと愛国者よ。そう思うでしょう」と言う。「そうですね」と答えた。

女帝でもいいと僕は思うが、「いや絶対、男子でなければダメだ」「女帝ではもう天皇ではない」と言う人もいる。こうなると、天皇を決めるのは自分だ、ということか。傲慢だし、不敬な話だ。女帝にするか、旧宮家の人を皇族に戻すか。すべては天皇に任せたらいい。いくら学者が考え、「有識者会議」が考えても、でも、日々神に祈り、一番、皇室の将来を考えているのは天皇だ。その天皇を信じないで何を信じるのだろうか。

それに、皇室の人々に自由を認めないのも、天皇や皇室を信じていないからだ。開かれた皇室にして、自由になったら、イギリスの王室のようにスキャンダルまみれになる。そうならないように我々が守り、監視していると、政府・宮内庁・警察は言うのだろう。とんでもない話だ。思い上がりだ。そんなことにはならない。万が一、そうなったら、国民から見放され皇室もなくなるだろう。

憲法第一条には書かれている。「天皇は、日本国の象徴であり日本国民統合の象徴であって、この地位は、主権の存する日本国民の総意に基く」

国民の総意が天皇を必要としている。だから存続している。総意がいらないと言ったら存続をやめる。そういうことだ。今は、総意が続いてほしいと願っている。存続しているだけで日本は日本である。ありがたいと思っている。大変なお仕事を天皇に押しつけている。だから、それ以外は、もっともっと自由にしてもらったらいい。国の内外を問わず、自由に行かれたらいい。

これまで、美智子さま、雅子さま、紀子さまと三人が民間から皇室に入った。これからも続くだろう。旧宮家で今は民間人の男子も入るかもしれない。

そういえば、こんなことがあった。天皇への絶対信仰を説く右翼の先生がいた。「もしお嬢さんがお妃候補になったらどうするか」と僕は聞いた。可能性としてはある。「万が一そうなったら光栄だ」と言うと思った。ところが、「とんでもない、絶対反対だ」と言う。「あんな自由のない所にはやれない」と言う。驚いた。尊皇心と肉親の愛とは別なのか。

美智子さまの時も、雅子さまの時も、他に皇太子妃候補が何人か噂されたが、恐れをなしたのか、他の候補は急いで結婚したり、海外に留学したり、と、サーッといなくなってしまった。「光栄」と思うよりも、「自由がない」「束縛される」と思うのだ。これではいけないだろう。考えるべき問題だ。

第二章　『皇室典範』を読む

二つの『皇室典範』

現在の皇室問題の要である皇位継承は、『皇室典範』に規定されている。『皇室典範』とは皇位継承の範囲や順位、皇族の範囲など、皇室の制度などを定めた法律である。

現在の『皇室典範』は一九四七年（昭和二十二）一月十六日に公布され、五月三日に施行された。しかし、『皇室典範』というものはそれ以前にも存在している。一八八九年（明治二十二）二月十一日に発表された『皇室典範』がそれだ。

すなわち、現在の『皇室典範』は二つ目の『皇室典範』ということになる。この二つの『皇室典範』は名称こそ同じであるが、内容は改正されている。後に説明するが、法としての質が変わっているため、昭和期の『皇室典範』は、単に明治期の『皇室典範』を改正しただけというレベルにとどまらない。

本書では、一八八九年（明治二十二）の『皇室典範』を旧『皇室典範』（旧典範）、一九四七年（昭和二十二）の『皇室典範』を現『皇室典範』（現典範）と呼ぶことにする。

旧『皇室典範』はその発表にあたり、議会の関与も大臣の副署もなく、天皇が自ら制定する法規であり、大日本帝国憲法と並ぶ国家の最高法典としての位置づけであった。すなわち、旧『皇室典範』は欽定の特別法だったのである

現『皇室典範』は、天皇の地位が統治権総覧者から象徴へと変わったことが大きく影響

している。名称こそ同じではあるが、新たな法律として施行されたものであり、旧『皇室典範』とは質の違うものだ。現『皇室典範』は制定当時、GHQが「『皇室典範』は国会で承認されて初めて効力を持つ通常の法律とするべき」としたため、欽定法ではなくなっている。

しかしながら、旧『皇室典範』の条項を受け継いでいる内容もある。その類似点と相違点を知るためには、まず現典範と旧典範を見比べることが必要であろう。

ここでは二つの『皇室典範』を見比べながら読むために、まず両『皇室典範』の条文を以下に掲載する。ここで『皇室典範』の全体像を把握した後に、旧『皇室典範』制定以前の時代、旧『皇室典範』の時代、現『皇室典範』の時代、それぞれの特徴を、現在の議論の焦点である皇位継承の項目を中心にまとめてみようと思う。

現旧『皇室典範』の条文掲載にあたり、いくつか表記等を修正した点がある。まず、現典範と旧典範は、章の番号とその章に記述されている内容が異なっている場合がある。例えば、「皇位継承」という項目は現旧両方とも第一章に記述されているが、「皇族」という項目は、現典範が第二章、旧典範が第七章に記述されている。両方とも章の順番に並べて掲載した場合、比較しにくくなるので、現典範は正規の章順で掲載し、旧典範は現典範の項目内容に沿って章順を入れ替えて掲載した。よって、旧典範に記載されていて現典範に記載されていない項目は、最後にまとめて掲載することとした。

なお、読みやすさを第一に考慮し、旧典範のカタカナはひらがなに直した。旧字体も新字体に修正するなどし、句読点や濁点などを加えた。その他にも適宜修正した部分がある。また、本書の他の部分でも条文を微修正している箇所があることをお断りしておく。

現旧『皇室典範』比較

【現『皇室典範』】

〈冒頭文〉

※冒頭文はなし。

【旧『皇室典範』】

〈冒頭文〉

天佑を享有したる我が日本帝國の宝祚は、万世一系歴代継承し、以て朕が躬に至る。惟ふに、祖宗肇国の初、大憲一たび定まり昭なること、日星の如し。今の時に当り宜く遺訓を明徴にし皇家の成典を制立し、以て丕基を永遠に鞏固にすべし。茲に枢密顧問の諮詢を経、皇室典範を裁定し、朕が後嗣及子孫をして遵守する所あらしむ。（※

〈皇位継承の項目〉

◆第一章　皇位継承

第一条　皇位は、皇統に属する男系の男子が、これを継承する。

第二条

（一）皇位は、左の順序により、皇族に、これを伝える。

一　皇長子

二　皇長孫

三　その他の皇長子の子孫

四　皇次子及びその子孫

五　その他の皇子孫

六　皇兄弟及びその子孫

七　皇伯叔父及びその子孫

（二）前項各号の皇族がないときは、皇位

・・・・・・・・・・・・・・・・・・・・・・・・・・・・・・・・・・・・・・

御名・御璽〉

〈皇位継承の項目〉

◆第一章　皇位継承

第一条　大日本国皇位は、祖宗の皇統にして男系の男子之を継承す。

第二条　皇位は皇長子に伝ふ。

第三条　皇長子在らざるときは皇長孫に伝ふ。皇長子及び其の子孫皆在らざるときは、皇次子及び其の子孫に伝ふ。以下皆之に例す。

第四条　皇子孫の皇位を継承するは嫡出を先にす。皇庶子孫の皇位を継承するは皇嫡子孫皆在らざるときに限る。

第五条　皇子孫、皆在らざるときは、皇兄弟及び其の子孫に伝ふ。

第六条　皇兄弟及び其の子孫、皆在らざる

は、それ以上で、最近親の系統の皇族に、これを伝える。
(三) 前二項の場合においては、長系を先にし、同等内では、長を先にする。
第三条　皇嗣に、精神若しくは身体の不治の重患があり、又は重大な事故があるときは、皇室会議の議により、前条に定める順序に従って、皇位継承の順序を変えることができる。
第四条　天皇が崩じたときは、皇嗣が、直ちに即位する。

ときは、皇伯叔父及び其の子孫に伝ふ。
第七条　皇伯叔父及び其の子孫、皆在らざるときは、其の以上に於て最近親の皇族に伝ふ。
第八条　皇兄弟以上は、同等内に於て、嫡を先にし庶を後にし、長を先にし幼を後にす。
第九条　皇嗣、精神若は身体の不治の重患あり、又は重大の事故あるときは、皇族会議及び枢密顧問に諮詢し、前数条に依り継承の順序を換ふることを得。
◆第二章　践祚即位
第十条　天皇崩ずるときは、皇嗣即ち践祚し、祖宗の神器を承く。
第十一条　即位の礼及び大嘗祭は、京都に於て之を行ふ。

〈皇族の項目〉

◆第二章　皇族

第五条　皇后・太皇太后・皇太后・親王・親王妃・内親王・王・王妃及び女王を皇族とする。

第六条　嫡出の皇子及び嫡男系嫡出の皇孫は、男を親王、女を内親王とし、三世以下の嫡男系嫡出の子孫は、男を王、女を女王とする。

第七条　王が皇位を継承したときは、その兄弟姉妹たる王及び女王は、特にこれを親王及び内親王とする。

第十二条　践祚の後、元号を建て、一世の間に再び改めざること、明治元年の定制に従ふ。

〈皇族の項目〉

◆第七章　皇族

第三〇条　皇族と称ふるは太皇太后・皇太后・皇后・皇太子・皇太子妃・皇太孫・皇太孫妃・親王・親王妃・内親王・王・王妃・女王を謂ふ。

第三一条　皇子より皇玄孫に至るまでは、男を親王、女を内親王とし、五世以下は男を王、女を女王とす。

第三二条　天皇支系より入て大統を承くるときは、皇兄弟姉妹の王・女王たる者に、特に親王・内親王の号を宣賜す。

第八条　皇嗣たる皇子を皇太子という。皇太子のないときは、皇嗣たる皇孫を皇太孫という。

第九条　天皇及び皇族は、養子をすることができない。

第一〇条　立后及び皇族男子の婚姻は、皇室会議の議を経ることを要する。

第一一条

(一) 年齢十五年以上の内親王、王及び女王は、その意思に基き、皇室会議の議により、皇族の身分を離れる。

(二) 親王（皇太子及び皇太孫を除く。）、内親王、王及び女王は、前項の場合の外、やむを得ない特別の事由があるときは、皇室会議の議により、皇族の身分を離れる。

……………………………………………………

第三三条　皇族の誕生・命名・婚嫁・薨去は、宮内大臣之を公告す。

第三四条　皇統譜及び前条に関る記録は、図書寮に於て尚蔵す。

第三五条　皇族は天皇之を監督す。

第三六条　摂政在任の時は前条の事を摂行す。

第三七条　皇族男女、幼年にして父なき者は、宮内の官僚に命じ保育を掌らしむ。事宜に依り天皇は其の父母の選挙せる後見人を認可し、又は之を勅選すべし。

第三八条　皇族の後見人は、成年以上の皇族に限る。

第三九条　皇族の婚嫁は、同族又は勅旨に由り特に認許せられたる華族に限る。

第四〇条　皇族の婚嫁は勅許に由る。

第一二条　皇族女子は、天皇及び皇族以外の者と婚姻したときは、皇族の身分を離れる。

第一三条　皇族の身分を離れる親王又は王の妃、並びに直系卑属及びその妃は、他の皇族と婚姻した女子及びその直系卑属を除き、同時に皇族の身分を離れる。但し、直系卑属及びその妃については、皇室会議の議により、皇族の身分を離れないものとすることができる。

第一四条

（一）皇族以外の女子で親王妃又は王妃となった者が、その夫を失ったときは、その意思により、皇族の身分を離れることができる。

（二）前項の者が、その夫を失ったとき

第四一条　皇族の婚嫁を許可するの勅書は、宮内大臣之に副署す。

第四二条　皇族は養子を為すことを得ず。

第四三条　皇族、国境の外に旅行せむとするときは、勅許を請ふべし。

第四四条　皇族女子の臣籍に嫁したる者は、皇族の列に在らず。但し、特旨に依り、仍《なお》、内親王・女王の称を有せしむることあるべし。

は、同項による場合の外、やむを得ない特別の事由があるときは、皇室会議の議により、皇族の身分を離れる。

(三) 第一項の者は、離婚したときは、皇族の身分を離れる。

(四) 第一項及び前項の規定は、前条の他の皇族と婚姻した女子に、これを準用する。

第一五条　皇族以外の者及びその子孫は、女子が皇后となる場合及び皇族男子と婚姻する場合を除いては、皇族となることがない。

〈摂政の項目〉

◆第三章　摂政

第一六条

・・・・・・・・・・・・・・・・・・・・・・・・・・・・・・・・・・・・

〈摂政の項目〉

◆第五章　摂政

第一九条

（一）天皇が成年に達しないときは、摂政を置く。
（二）天皇が、精神若しくは身体の重患又は重大な事故により、国事に関する行為をみずからすることができないときは、皇室会議の議により、摂政を置く。
第一七条
（一）摂政は、左の順序により、成年に達した皇族が、これに就任する。
一　皇太子又は皇太孫
二　親王及び王
三　皇后
四　皇太后
五　太皇太后
六　内親王及び女王
（二）前項第二号の場合においては、皇位

（一）天皇未だ成年に達せざるときは摂政を置く。
（二）天皇久きに亘るの故障に由り、大政を親らすること能はざるときは、皇族会議及び枢密顧問の議を経て摂政を置く。
第二〇条　摂政は成年に達したる皇太子又は皇太孫之に任す。
第二一条　皇太子・皇太孫在らざるか、又は未だ成年に達せざるときは左の順序に依り摂政に任す。
第一　親王及び王
第二　皇后
第三　皇太后
第四　太皇太后
第五　内親王及び女王
第二二条　皇族男子の摂政に任ずるは皇位

継承の順序に従い、同項第六号の場合においては、皇位継承の順序に準ずる。
第一八条　摂政又は摂政となる順位にある者に、精神若しくは身体の重患があり、又は重大な事故があるときは、皇室会議の議により、前条に定める順序に従って、摂政又は摂政となる順序を変えることができる。
第一九条　摂政となる順位にあたる者が、成年に達しないため、又は前条の故障があるために、他の皇族が、摂政となったときは、先順位にあたっていた皇族が、成年に達し、又は故障がなくなったときでも、皇太子又は皇太孫に対する場合を除いては、摂政の任を譲ることがない。
第二〇条　第一六条第二項の故障がなくな

継承の順序に従ふ。其の女子に於けるも、亦、之に準ず。
第二三条　皇族女子の摂政に任ずるは、其の配偶あらざる者に限る。
第二四条　最近親の皇族未だ成年に達せざるか、又は其の他の事故に由り他の皇族摂政に任じたるときは、後来最近親の皇族成年に達し、又は其の事故既に除くと雖も、皇太子及び皇太孫に対するの外、其の任を譲ることなし。
第二五条　摂政又は摂政たるべき者精神若は身体の重患あり、又は重大の事故あるときは、皇族会議及び枢密顧問の議を経て其の順序を換ふることを得。
◆第六章　太傅
第二六条　天皇未だ成年に達せざるとき

ったときは、皇室会議の議により、摂政を廃する。

第二一条　摂政は、その在任中、訴追されない。但し、これがため、訴追の権利は、害されない。

〈成年、敬称、即位の礼、大喪の礼、皇統譜及び陵墓の項目〉

◆第四章　成年、敬称、即位の礼、大喪の礼、皇統譜及び陵墓

第二二条　天皇、皇太子及び皇太孫の成年は、十八年とする。

は、太傅を置き保育を掌《つかさど》らしむ。

第二七条　先帝遺命を以て太傅を任せざりしときは、摂政より皇族会議及び枢密顧問に諮詢し、之を選任す。

第二八条　太傅は、摂政及び其の子孫、之に任ずることを得ず。

第二九条　摂政は、皇族会議及び枢密顧問に諮詢したる後に非ざれば、太傅を退職せしむることを得ず。

〈成年、敬称、即位の礼、大喪の礼、皇統譜及び陵墓の項目〉

◆第三章　成年立后立太子

第一三条　天皇及び皇太子・皇太孫は、満十八年を以て成年とす。

第一四条　前条の外の皇族は、満二十年を

第二三条
(一) 天皇、皇后、太皇太后及び皇太后の敬称は、陛下とする。
(二) 前項の皇族以外の皇族の敬称は、殿下とする。
第二四条　皇位の継承があったときは、即位の礼を行う。
第二五条　天皇が崩じたときは、大喪の礼を行う。
第二六条　天皇及び皇族の身分に関する事項は、これを皇統譜に登録する。
第二七条　天皇、皇后、太皇太后及び皇太后を葬る所を陵、その他の皇族を葬る所を墓とし、陵及び墓に関する事項は、これを陵籍及び墓籍に登録する。

以て成年とす。
第一五条　儲嗣《ちょし》たる皇子を皇太子とす。皇太子在らざるときは儲嗣たる皇孫を皇太孫とす。
第一六条　皇后・皇太子・皇太孫を立つるときは、詔書を以て之を公布す。

◆第四章　敬称

第一七条　天皇・太皇太后・皇太后・皇后の敬称は陛下とす。
第一八条　皇太子・皇太子妃・皇太孫・皇太孫妃・親王・親王妃・内親王・王・王妃・女王の敬称は殿下とす。

〈皇室会議の項目〉

◆第五章　皇室会議

第二八条

（一）皇室会議は、議員十人でこれを組織する。

（二）議員は、皇族二人、衆議院及び参議院の議長及び副議長、内閣総理大臣、宮内庁の長並びに最高裁判所の長たる裁判官及びその他の裁判官一人を以て、これに充てる。

（三）議員となる皇族及び最高裁判所の長たる裁判官以外の裁判官は、各々《おのおの》成年に達した皇族又は最高裁判所の長たる裁判官以外の裁判官の互選による。

第二九条　内閣総理大臣たる議員は、皇室会議の議長となる。

〈皇室会議の項目〉

◆第一一章　皇族会議

第五五条　皇族会議は成年以上の皇族男子を以て組織し、内大臣・枢密院議長・宮内大臣・司法大臣・大審院長を以て参列せしむ。

第五六条　天皇は皇族会議に親臨し、又は皇族中の一員に命じて議長たらしむ。

〈附則の項目〉

◆第一二章　補則

第五七条　現在の皇族五世以下、親王の号を宣賜したる者は旧に依る。

第五八条　皇位継承の順序は総て実系に依る。現在、皇養子・皇猶子又は他の継嗣たるの故を以て之を混することなし。

第三〇条

(一) 皇室会議に、予備議員十人を置く。

(二) 皇族及び最高裁判所の裁判官たる議員の予備議員については、第二八条第三項の規定を準用する。

(三) 衆議院及び参議院の議長及び副議長たる議員の予備議員は、各々衆議院及び参議院の議員の互選による。

(四) 前二項の予備議員の員数は、各々その議員の員数と同数とし、その職務を行う順序は、互選の際、これを定める。

(五) 内閣総理大臣たる議員の予備議員は、内閣法の規定により臨時に内閣総理大臣の職務を行う者として指定された国務大臣を以て、これに充てる。

(六) 宮内庁の長たる議員の予備議員は、

第五九条 親王・内親王・王・女王の品位は之を廃す。

第六〇条 親王の家格及び其の他此の典範に低触する例規は、総て之を廃す。

第六一条 皇族の財産歳費及び諸規則は、別に之を定むべし。

第六二条 将来此の典範の条項を改正し、又は増補すべきの必要あるに当ては、皇族会議及び枢密顧問に諮詢して之を勅定すべし。

〈増補の項目〉

◆皇室典範第一増補（明治四十年二月十一日）

第一条 王は勅旨又は情願に依り家名を賜ひ、華族に列せしむることあるべし。

内閣総理大臣の指定する宮内庁の官吏を以て、これに充てる。
（七）議員に事故のあるとき、又は議員が欠けたときは、その予備議員が、その職務を行う。
第三一条　第二八条及び前条において、衆議院の議長、副議長又は議員とあるのは、衆議院が解散されたときは、後任者の定まるまでは、各々解散の際衆議院の議長、副議長又は議員であった者とする。
第三二条　皇族及び最高裁判所の長たる裁判官以外の裁判官たる議員及び予備議員の任期は、四年とする。
第三三条
（一）皇室会議は、議長が、これを招集す

第二条　王は勅許に依り華族の家督相続人となり、又は家督相続の目的を以て華族の養子となることを得。
第三条　前二条に依り臣籍に入りたる者の妻・直系卑属・及び其の妻は、其の家に入る。但し他の皇族に嫁したる女子、及び其の直系卑属は此の限に在らず。
第四条　特権を剝奪せられたる皇族は、勅旨に由り臣籍に降すことあるべし。前項に依り臣籍に降されたる者の妻は其の家に入る。
第五条　第一条・第二条・第四条の場合に於ては、皇族会議及び枢密顧問の諮詢を経へし。
第六条　皇族の臣籍に入りたる者は皇族に復することを得す。

る。
(二) 皇室会議は、第三条、第一六条第二項、第一八条及び第二〇条の場合には、四人以上の議員の要求があるときは、これを招集することを要する。
第三四条　皇室会議は、六人以上の議員の出席がなければ、議事を開き議決することができない。
第三五条
(一) 皇室会議の議事は、第三条、第一六条第二項、第一八条及び第二〇条の場合には、出席した議員の三分の二以上の多数でこれを決し、その他の場合には、過半数でこれを決する。
(二) 前項後段の場合において、可否同数のときは、議長の決するところによる。

…………………………………………

第七条
(一) 皇族の身位其の他の権義に関する規程は、此の典範に定めたるものの外、別に之を定む。
(二) 皇族と人民とに渉る事項にして各々適用すべき法規を異にするときは前項の規程に依る。
第八条　法律・命令中、皇族に適用すべきものとしたる規定は、此の典範又は之に基づき発する規則に別段の条規なきときに限り之を適用す。
◆皇室典範第二増補（大正七年十一月二十八日）
皇族女子は、王族又は公族に嫁すことを得。

第三六条　議員は、自分の利害に特別の関係のある議事には、参与することができない。
第三七条　皇室会議は、この法律及び他の法律に基く権限のみを行う。

〈附則の項目〉

◆附則
（一）この法律は、日本国憲法施行の日（昭和二十二年五月三日）から、これを施行する。
（二）現在の皇族は、この法律による皇族とし、第六条の規定の適用については、これを嫡男系嫡出の者とする。
（三）現在の陵及び墓は、これを第二七条の陵及び墓とする。

〈その他の項目〉

◆第八章　世伝御料
第四五条　土地物件の世伝御料と定めたるものは、分割譲与することを得ず。
第四六条　世伝御料に編入する土地物件は、枢密顧問に諮詢し、勅書を以て之を定め、宮内大臣之を公告す。
◆第九章　皇室経費
第四七条　皇室諸般の経費は、特に常額を定め国庫より支出せしむ。
第四八条　皇室経費の予算決算検査及び其の他の規則は、皇室会計法の定むる所に依る。
◆第十章　皇族訴訟及び懲戒
第四九条　皇族相互の民事の訴訟は勅旨に依り、宮内省に於て裁判員を命し、裁判

〈増補の項目〉

※増補はなし。改正は昭和二十四年におこなわれている。

〈その他の項目〉

※旧『皇室典範』にあった「世伝御料」「皇室経費」などの条文などは削除されたが、皇室経済については新たに作られた『皇室経済法』に規定されている。

・・・・・・・・・・・・・・・・・・・・・・・・・・・・・・・・・・・・

せしめ、勅裁を経て之を執行す。

第五〇条　人民より皇族に対する民事の訴訟は、東京控訴院に於て之を裁判す。但し皇族は代人を以て訴訟に当らしめ、自ら訟廷に出るを要せず。

第五一条　皇族は勅許を得るに非ざれば、勾引し又は裁判所に召喚することを得ず。

第五二条　皇族其の品位を辱むるの所行あり、又は皇室に対し忠順を欠くときは勅旨を以て之を懲戒し、其の重き者は皇族特権の一部又は全部を停止し、若は剝奪すべし。

第五三条　皇族蕩産の所行あるときは、勅旨を以て治産の禁を宣告し、其の管財者を任すべし。

第五四条　前二条は皇族会議に諮詢したる後、之を勅裁す。

現旧『皇室典範』における皇位継承制度の比較

現在の皇位継承問題の鍵を握る『皇室典範』を軸として、日本のこれまでの継承制度の歴史を大きく分類すると、三つに分けることができる。第一に旧『皇室典範』制定以前（一八八九年まで《先例時代》）、第二に旧『皇室典範』の時代（一八八九年から一九四七年まで《旧典範時代》）、第三に現『皇室典範』の時代（一九四七年以降《現典範時代》）である。

第一の先例時代は、古代から一八八九年（明治二十二）までの長い期間であるので皇位継承のルールをひとまとめにすることは難しい。皇位継承の詳しい歴史的経緯については第三章に譲るとしながらも、現旧『皇室典範』の時代と比較するために、ここでおおまかにまとめることとする。

比較する内容は、現在議論の中心である皇位継承制度に関する項目に焦点を合わせたい。具体的には、制度の根拠、皇位継承資格、皇位継承順序、皇族の範囲、皇籍離脱、皇籍復帰、皇族の婚姻、皇族の養子、退位規定について、それぞれの時代でどのような特徴が見られるのか。簡単に比較してみよう。

た。

制度の根拠——明文規定がなかった先例時代

先例時代は、それぞれの時代において「なぜその皇位継承がなされるのか」についての考え方が記録されているものは存在するが、皇位継承のルールを定める明文規定はなかった。

旧典範時代は、皇位継承は旧『皇室典範』の規定に基づいていた。旧典範は『大日本帝国憲法』と同格で並立する法典であり、天皇が制定した欽定憲法として扱われていた。さらに通常法とは異なり、帝国議会の関与も否定されていた。議会によって改正される余地がなかったがゆえに、明文で規定された皇位継承ルールは制度としては明確であり、皇位継承は安定していたといえる。

現典範は、旧典範とは異なり、『日本国憲法』の下位にある通常法であり、国会によって制定されたものだ。しかし、最高法規である『日本国憲法』の第二条に「皇位は、世襲のものであって、国会の議決した皇室典範の定めるところにより、これを継承する」と記載されている。これによって、現『皇室典範』の規定が皇位継承ルールの根拠になっている。現『皇室典範』の皇位継承についての規定は、皇位継承資格および皇族の範囲を嫡男系嫡出の子孫に限定したことと、親王・内親王の範囲を狭めたことを除き、旧『皇室典範』の規定を受け継いでいる。

皇位継承資格——男系継承の根拠はどこに

先例時代の皇位継承資格は、すべて皇統に属する人にあり、男系で継承されていた。八人十代の女性天皇も存在するが男系女子である。女性天皇の即位の経緯はひとくくりにすることはできないが、すべて前代の天皇や皇太子の寡婦（未亡人）あるいは未婚の女性皇族だったため、女性天皇の子に皇位が継承されることはなかった。

また、嫡系だけでなく庶系によっても継承されていた。男系による皇位の継承は、摘出の男性だけでなく、庶子や女性によって継承されてきたことにより、維持されてきたといえる。しかし、「なぜ皇位継承は男系でなければならないのか」ということを説明した歴史的文書は見当たらない。

旧典範時代は、『大日本帝国憲法』と旧『皇室典範』に皇位継承資格についての規定がある。『大日本帝国憲法』には「第一条　大日本帝国ハ万世一系ノ天皇之ヲ統治ス」「第二条　皇位ハ皇室典範ノ定ムル所ニ依リ皇男子孫之ヲ継承ス」とある。さらに、旧『皇室典範』には「第一条　大日本国皇位ハ祖宗ノ皇統ニシテ男系ノ男子之ヲ継承ス」とある。このように、皇位継承者は皇統に属することと男系男子であることが明文で規定されていたのである。

現典範時代は、『日本国憲法』と現『皇室典範』に皇位継承資格についての規定がある。

『日本国憲法』には「第二条　皇位は、世襲のものであって、国会の議決した皇室典範の定めるところにより、これを継承する」とある。そして、現『皇室典範』には「第一条　皇位は、皇統に属する男系の男子が、これを継承する」とある。現典範は前に説明したように通常法であるものの、その内容は旧典範の内容を継いでおり、皇位継承者は皇統に属することと男系男子であることが明文で規定されている。

皇位継承順序——消えた庶子継承

先例時代は、直系継承が多いが、その時代背景によってさまざまな形がある。皇統に属していることが最低限の条件であるが、その時代によって母親の血筋や先例など、さまざまな根拠で継承順序が説明されている。初代神武天皇から一二二代明治天皇までの継承を分類した「有識者会議」の資料を見ると、直系継承が六十六例、兄・姉・弟間の継承が二十七例、その他の継承が二十八例となっている。

旧典範時代は、直系優先・長系優先・近親優先であり、非嫡出子による継承も認められていたが嫡出系が優先されていた。

現典範時代は、直系優先・長系優先・近親優先であることは旧典範時代と同じであるが、非嫡出子や非嫡出系による皇位継承は認められていない。

皇族の範囲——『養老令』の根拠

先例時代は、皇族の範囲は基本的に天皇の四世までの子孫に限定していた。その根拠は七一八年に成立(七五四年施行)した『養老令』の「継嗣令《けいしりょう》」である。「継嗣令」の皇兄弟子条(第一条)には、「天皇の兄弟、皇子は、みな親王とすること。それ以外は、いずれも諸王とすること。親王より五世は、王の名を得ているとしても皇親の範囲には含まない」とある。「親王より五世」と記述されているが、これは「五世の王」という意味であり、親王を一世として数えているため、天皇の四世までが皇族ということになる。これにより、天皇の子孫であっても五世以下の子孫は皇族とならない。

親王・内親王は天皇の子および兄弟姉妹とし、二世以下を王・女王とし、四世までを皇族とするのである。また、先例時代は非嫡出子も皇族としていた。

しかし、先例時代にはこの規定とは異なる事例もあった。それが親王宣下と世襲親王家である。平安時代以降、天皇子孫のうち宣下を受けたものしか親王となれない親王宣下が慣習化した。また、鎌倉時代以降、親王宣下を代々受けて宮家を世襲する世襲親王家が成立し、世数とは関係なく皇族の範囲が広がっていった。しかし、世襲天皇家から即位した天皇は三世までの方である。

旧典範時代は、永世皇族制を採用している。天皇および皇族の子孫は皇籍離脱をしない限り、ずっと皇族のままであった。また、一九〇七年（明治四十）の旧『皇室典範』増補で、王の皇籍離脱が制度化された。さらに、一九四六年（昭和二十一）には旧『皇室典範』増補を改定し、内親王・女王も臣籍降下できるようになった。

親王・内親王は四世までとし、五世以下は王・女王とした。また、嫡男系嫡出の子孫に加えて、非嫡出子・非嫡男系も皇族とした。

現典範時代も、永世皇族制を採用し、天皇および皇室の子孫は皇籍離脱をしなければ皇族のままである。

親王・内親王の範囲は、現典範時代に狭められ、二世までが親王・内親王、三世以下は王・女王とした。また、子孫は嫡男系嫡出に限定された。

皇籍離脱——現典範で範囲を拡大

先例時代は、皇子孫が姓を賜って臣籍降下することがあった。天皇家の財政の負担を軽減するために、皇族が皇籍を離れ、貴族として皇族を支えたのである。代表的な例に源氏が挙げられる。嵯峨天皇が皇子女に源朝臣の氏姓を与えていた。それ以降、仁明・文徳・清和・陽成・光孝・宇多ら歴代天皇の多くの子孫が源氏を名乗っていた。

皇族女子は、天皇や皇族以外の者と結婚した場合も皇族のままだったが、誕生した子は皇族とはならなかった。

旧典範時代は、内親王・王・女王は勅旨や願い出により皇籍を離脱することができた。また、一九〇七年（明治四十）の旧『皇室典範』増補に基づいて、伏見家、山階家、久邇家、朝香家、東久邇家、北白川家の六宮家が皇籍を離脱した。親王には皇籍離脱制度はなかった。皇族女子は、天皇・皇族以外の者と婚姻した時には皇籍を離脱した。

現典範時代は、旧典範時代に比べて皇籍離脱の範囲を拡大している。現『皇室典範』第一一条によれば、親王（皇太子及び皇太孫を除く）・内親王・王・女王は、やむを得ない特別の事由がある時は、皇室会議の議により皇族の身分を離れることができるとしている。また、十五歳以上の内親王・王・女王は、その意思に基き、皇室会議の議により、皇族の身分を離れるとされている。さらに旧典範と同じく、天皇・皇族以外の者と結婚した皇族女子は皇籍を離脱することになっている。

皇籍復帰——旧典範で否定

先例時代は、臣籍降下した者は皇籍に復さないことが原則だったが、例外もある。

五九代宇多《うだ》天皇は、皇籍復帰後に即位した唯一の天皇である。五八代光孝《こうこう》天皇の皇子である定省《さだみ》王は、三年間臣籍降下して源氏となり、源《みなもとの》定省と称していたが、当時の実力者である藤原基経《もとつね》によって皇籍に復帰し、五九代宇多天皇として即位した。これにともない、宇多天皇の同母兄弟も八九一年に皇籍に復帰した。さらに、宇多天皇が臣籍降下していた時に生れた三人の子は、宇多天皇の皇籍復帰後に皇族となった。また十四世紀後半には、臣籍降下していた八四代順徳《じゆんとく》天皇の二世・三世孫が、親王宣下を受けて皇籍に復帰した。

旧典範時代は、旧『皇室典範』増補條項義解に「上下ノ名分一タヒ定リテ復變易スヘカラサルハ我カ肇國以来ノ通義トス」とあるように、皇籍を離脱した者の皇籍復帰を否定している。伏見宮邦家親王の子が、一八七二年（明治五）の臣籍降下の後、一八八八（明治二十一）に伏見宮に復帰したが皇族にとどまらず復帰同日に姓を受けて臣籍降下した。

現典範時代も、旧『皇室典範』を踏襲しており、一八八九年（明治二十二）の旧『皇室典範』制定以降、皇籍に復帰した例はない。

皇族の婚姻――現典範で制限がなくなる

先例時代は、皇后は内親王から選ばれることが多かったが、奈良時代以降は、皇族以外の女子の立后も多く行われるようになった。また、先例時代は皇族以外の女子が天皇や皇族と婚姻しても皇族とはならなかった。逆に、皇族女子は天皇・皇族以外の者と婚姻をしても、皇族の身分のままであった。

旧典範時代は、天皇や皇族の婚姻の相手は皇族か特定の華族に制限されていた。大正天皇の貞明《ていめい》皇后は旧摂家公爵九条道孝《みちたか》の四女で、母は野間幾子である。昭和天皇の香淳《こうじゅん》皇后は、父は久邇宮邦彦《くによし》王、母は薩摩藩十二代公爵島津忠義の七女俔子《ちかこ》で、久邇宮初代朝彦親王の孫娘にあたる。この時代は、先例時代とは異なり、皇族以外の女子が天皇や皇族と婚姻した時は皇族となる。逆に、天皇や皇族以外の者と婚姻した皇族女子は皇籍を離脱する。

現典範時代は、天皇や皇族の婚姻について制限はなくなった。最近皇室に嫁がれた女性を見ると、今上天皇の皇后美智子さま、皇太子妃雅子さま、秋篠宮妃紀子さまと民間人の女性が主流になっている。また、旧典範時代と同様、皇族以外の女子が天皇や皇族と婚姻した時は皇族となり、天皇や皇族以外の者と婚姻した皇族女子は皇籍を離脱する。二〇〇五年（平成十七）、今上天皇の長女紀宮清子さまが東京都職員の黒田慶樹さんと婚姻するため、現典範の規定に従えば皇籍を離脱することになる。

皇族の養子——旧典範で否定

先例時代は、天皇や皇族が養子をすることがあった。江戸時代までの養子の例は、以下の三つに分類することができる。第一に皇位の直系継承を事実上維持することを目的として天皇や上皇が養子をする例、第二に親王宣下を目的として天皇や上皇が養子をする例、第三に世襲親王家など家の継承を目的として天皇や上皇が養子をする例である。

旧典範時代は、皇統が乱れる原因となるため、養子を否定していた。この背景には、旧『皇室典範』が、直系優先の皇位継承、親王の範囲、永世皇族制など、皇位継承制度や皇室制度を明確に規定しており、養子の意味がなくなってきたことが背景にある。

現典範時代も、旧典範を踏襲し、養子は否定されている。

退位規定――旧典範で否定

先例時代は、生前に譲位して太上天皇になるというケースは決して珍しくなかった。昭和天皇までの歴代天皇一二四代のうち、生前に退位して皇位を譲った天皇は五十八人いると言われている。最初の生前退位は「大化の改新」により退位した皇極天皇、最後に生前退位が行なわれたのは江戸時代後期の第一一九代の光格天皇である。

旧典範時代は、退位に関する規定がない。旧典範の第十条に「天皇崩ずるときは、皇嗣即《すなわ》ち践祚《せんそ》し、祖宗の神器を承《う》く」と記されており、天皇の死去によって皇位の継承が行なわれるとした。

古来の制度では天皇と太上天皇はほぼ同等の権限を持つとされていたため、中近世によく見られたように、院政によって政治構造が二極化することを避けるため、「天皇は生きている限り天皇」と決めたと言われている。

現典範時代も退位規定はない。現典範の第四条に「天皇が崩じたときは、皇嗣が、直ちに即位する」としている。「皇嗣」とは、「皇位継承の第一順位者」のことである。この条文では、天皇の意思による譲位は想定していないとされている。

昭和天皇の晩年、国会で生前の退位が議論になったことがあるが、当時の山本悟《やまもとさとる》宮内庁次長（後に侍従長）は「（皇室典範の）制定の趣旨として、歴史上見られたような上皇とか法皇とかが弊害を生ずる恐れがあるのではないか」などとして否定している。

■鈴木邦男の視点■　天皇制の顕教と密教——最悪の事態に備えて

『皇室典範』は次の五章と附則から成っている。

第一章　皇位継承

第二章　皇族
第三章　摂政
第四章　成年、敬称、即位の礼、大喪の礼、皇統譜及び陵墓
第五章　皇室会議
附　則

重要なのは皇位継承であり、その順序だ。あとは解説だ。つまり、皇族の範囲、呼び方などだ。皇室会議も含め、こうした「解説」が法律として必要なのか。僕は疑問だ。誰を陛下と呼び、誰を殿下と呼ぶか、そうした敬称までが書かれている。そこまで書く必要があるのだろうか。また、「天皇、皇太子及び皇太孫の成年は、十八年とする」とある。一般国民よりも二年早く成人になるわけだ。これは旧『皇室典範』を引き継いだだけだ。今となってはあまり意味はない。天皇陛下も皇太子さまも、一般の人たちと一緒に学校生活を送った。十八歳といえば大学一年か。皇室内の儀式はあるのだろうが、でも二十歳になってから、御学友と一緒に成人の祝いをしたという。さもありなんと思う。

『皇室典範』で、最大の争点になっているのは第一条と第九条だ。

第一条　皇位は、皇統に属する男系の男子が、これを継承する。

第九条　天皇及び皇族は、養子をすることができない。

「有識者会議」は、このどちらかを変えようとしている。第一条を変えて、女帝を認めるか。第九条を変えて、養子をすることを認めるか。九条改正の場合、旧宮家で現在は民間人になっている人から養子を迎えるべきだ、という。

戦後、GHQなどの意向で臣籍降下したのは十一宮家だ。そのうち現在八宮家が存続し(うち、梨本家は後継者がなく断絶の危機にある)、いくつかの旧宮家には次世代の独身男性がいる。この人たちを養子にとり、愛子さまなどの内親王や女王と結婚するのがよいという主張がある。また、この旧宮家の男子を天皇にし、愛子さまは皇后になっていただきたい、と進言する人もいる。本人の意思も何もない。これでは大昔の政略結婚ではないか。

「そんなことは言っていられない。どんな手を使っても男子を立てて天皇になって頂かねば」と、その人達は言う。しかし、旧宮家の人々は、一般の「民間人」となって七十年だ。生活も、ものの考え方も、ガラリと変わっての七十年だ。今さら……という声もあるし、国民感情にそぐわないという人も多い。もしそうなっても辞退する、と言明している旧宮家の人もいる。また、逆に、その時は皇族に戻って、と意欲を燃やす人もいる。そうなると、政治家を目指す若者のようで、ちょっと引いてしまう。自分から望むというよりは、周りから推されて仕方なく、といった形の方が皇室にはふさわしい。そう思うのは僕の考え方が古いからだろうか。

なぜ「精神の重患」があるのか？

僕は、『皇室典範』なんかいらないと思っている。でも、残しておいて一部を変えるとしたら、第一条と第九条と両方とも変えたらいいと思う。皇位継承の受け皿は大きい方がいい。その上で、天皇陛下に決めてもらったらいい。そう思う。

『皇室典範』を読んで、アレッと思ったことがある。一般には問題にされていないが、ショックを受けた所だ。「精神……の重患」という言葉が何度も出てくることだ。その病気があった時は天皇にはなれない。摂政にもなれない。条文ではこうなっている。

第三条　皇嗣に、精神若しくは身体の不治の重患があり、又は重大な事故があるときは、皇室会議の議により、前条に定める順序に従って、皇位継承の順序を変えることができる。

第一六条

（一）天皇が成年に達しないときは、摂政を置く。

（二）天皇が、精神若しくは身体の重患又は重大な事故により、国事に関する行為をみずからすることができないときは、皇室会議の議により、摂政を置く。

第一八条　摂政又は摂政となる順位にあたる者に、精神若しくは身体の重患があり、又は重大な事故があるときは、皇室会議の議により、前条に定める順序に従って、摂政又は摂政となる順序を変えることができる。

くどいほどに書いている。この「精神の重患」というのが気になった。「身体の重患」というのは分かる。昭和天皇も晩年は癌で闘病された。終戦後、昭和天皇は「人間宣言」をした。人間である限り、病で倒れることもあるし、亡くなることもある。また、（考えたくはないが）不慮の事故で倒れることもあるかもしれない。そんな時どうするか。それを書いた。しかし、「精神」がわからない。

これを読むとこうなる。精神的に重い病がある時は、天皇になれない。継承の資格があっても、パスされて、次の順番の人になる。皇太子の時には健康でも、天皇になってから病になったら、（退位や廃位はないから）摂政を置く。つまり、形式だけ天皇のままだが、代理の人が天皇の仕事をすべてやる。この摂政になる順番もあるが、「精神の重患」の人はパスされ、次の順番の人になる。

念入りに、くどくどと書かれている。では、摂政になる前は健康で、摂政になってから「精神の重患」になった場合はどうするのか。そこまでは書いてないが、たぶん替えるのだろう。でも、なぜこんなに「精神の重患」にこだわるのだろう。これは疑問だった。そして、ハッと思い当たった。大正天皇の例があったからか。大正天皇は身体が弱かった。精神の病もあったという。だから昭和天皇が若い頃、摂政になっている。

このことがあったために、「精神の重患」が入ったのだろう。だったら、旧『皇室典範』にはこんな条文はないはずだ。だって旧『皇室典範』は『大日本帝国憲法』と同時に作られている。そして、『大日本帝国憲法』第三条にはこう書かれている。

「天皇ハ神聖ニシテ侵スヘカラス」

神聖不可侵だ。神だ。神が病気になるはずはない。ましてや「精神の重患」なんど……。そう思って旧『皇室典範』を読んでみた。驚いた。書いてあるんだ。ほとんど同じ記述がある。これは一体どうしたことか。いろんな人に聞いた。皇室の長い歴史の中で、そういう病の天皇がいたのだろうか。僕は知らない。

興味深いことを言う人がいた。「徳川時代の殿様にそういう例があり、天皇がそうなったら困ると思い、予防策で書いたのではないか」と。徳川幕府を倒し明治維新を実現したが、人々の頭の中には徳川時代の記憶が残っている。殿様が発狂し、藩が取りつぶしになった例がある。また、それを避けるために、家臣が発狂した殿様を座敷牢に押し込めた例もある。将軍の近くでもそんなことはあった。

明治維新をやり、将軍にかわって天皇が日本の中心になった。でも同じ人間だ（と明治の元老たちは考えたのだろう）。同じことがあってはたまらない。そう思ったのではないか。

天皇は神ではなかった

憲法学者の小林節先生に聞いたら、「天皇は神じゃなかったんですね」と言っていた。一般の人々に対しては神だと言いながら、政府の人間たちは「神じゃない。精神的重患になったらどうしよう」と必死に対処法を考えていたのだ。天皇制の顕教と密教ということにもなる。

小林先生はさらにこう言う。「過去に例があったから考えたのではなく、外国を意識して、これだけ民主的な国だよと見せつける為に書いたんじゃないでしょうか」と。うん、これはありうるな、と思った。ちょっと前までは徳川の独裁政権が三百年続いた。天皇も将軍と同様に世襲だ。外国から同じものと見られると困る。天皇はいるけれど立憲君主国だ。みな議会で決めるのだし、天皇の独裁はない。病気の場合は天皇になれないし、天皇になってから病気になったら、摂政が置かれる。……そう言って必死に外国にアピールしたのだろう。また、国旗、国歌も急遽作った。それが近代国家になることだと思った。その為の「背伸び」だったのだろう。『大日本帝国憲法』を作る時は伊藤博文らが外国に行き、諸外国の憲法を参考にした。旧『皇室典範』も同じだ。外国の憲法や王位継承法を研究し、参考にしている。井上毅は『皇室典範・同説明案』の中で、ドイツの法学者であるロエスレルと話し合い、そこから示唆されたと書いている。

ロエスレルによれば、王位は有名無実になってはならない。そのために王は政権を執るに堪えない欠陥があってはならず、皇位継承順序変更が必要な場合の例のひとつとして、「精神上又は身体上不治の不能力の場合」をあげている。その時はどうするか。王位を退かせる場合もあるが、「但し多くは摂政を設くるの寛和なる処分を取れり」と言っている。この提言を入れて旧『皇室典範』に書かれたのだろう。

明治の元老たちは慎重だった。「最悪」の場合に備えて対処法を考えた。起こりうるあらゆるケースに備えたのだ。だから大正天皇の場合でも、摂政をつけて即座にスムーズに対応できた。ただ、逆に言うと、こういう条文があったがために、大正天皇は無理にこれに当てはめられ、「病気」にされた、とも言える。

「実際、病気だったじゃないか」と言われるだろう。しかし、原武史の『大正天皇』(朝日新聞社)や高森明勅《あきのり》の論文を読むと、大正天皇はとても繊細で、漢詩なども秀れたものを残している。地方を回り、多くの人々と会話している。その記録を見ても、ナイーブで聡明なことがよくわかる。それなのに激務や締めつけの中で、精神を病んでゆく。

国会で勅語を丸めて、それを遠眼鏡のようにして議場を見た、という話が伝えられている。やっぱり、精神を病んでいたからだ、とされ、僕らもその話をずっと信じていた。でも、そうではなく、几帳面な性格からか、勅語を読み、巻き終えた後、端が揃っているかどうか横にして確かめた。それが遠眼鏡事件として世に流布されたのだ、という話を聞いた。その方がありうる話だろう。しかし一般には、「いや、大正天皇は精神的に病んでいたんだから、勅語を丸めてのぞいたのだ」という話の方が広まる。普段は「弱者救済」「差別反対」と言っている人までが、「大正天皇は精神的な病気だったから」と平然と言って、何の疑いもなくこんな話を信じる。

さて、天皇制の顕教と密教のことだ。この言葉は普通はこういう使われ方をする。一般の人々は、天皇は神であると思い、御真影をおがんでいた。ところが、為政者やインテリはそんなことは思わない。「天皇機関説」の機関だと思っている。前者が顕教で、後者は密教だ。同じように、「神聖不可侵」と書いた明治憲法。それにもかかわらず旧『皇室典範』では、最悪の事態に備えている。これも天皇制の顕教と密教だ。

ただ、一般の人たちは矛盾と感じなかったようだ。なぜなら、明治憲法はその内容が官報掲載されすべて公表されたが、旧『皇室典範』は官報掲載は行わず、非公式に発表されたからだ。『皇室典範』は作られたということは一般の人も知っていても、内容までは知らなかったようだ。

第三章　明治以前の皇位継承と八人十代の女帝

大和国家成立と『古事記』『日本書紀』

天皇の起源にさかのぼると、初代天皇である神武《じんむ》天皇にたどりつく。神武天皇の在位は前六六〇年一月一日から前五八五年三月十一日となっている。この神武天皇の存在については、八世紀初頭に編纂された『古事記』『日本書紀』（以下、記紀）に詳しく記載されている。

記紀は、六世紀半ばの欽明天皇のころに原型がまとめられた『帝紀』『旧辞』が原拠であったとされている。記紀は、四世紀ごろから七世紀半ばにかけて統一国家を形成した大和国家の建国物語である。この大和国家が皇室の祖先である。『古事記』は始原の神々から推古天皇までの物語であり、七一二年に完成。『日本書紀』は神代および神武から持統天皇までの伝記であり、七二〇年に完成した。

記紀は大和国家の正当性を記述する神話であり、古くから伝えられている史実をまとめたものではあるものの、誇張した表現もみられる。

『日本書紀』の記述によれば、初代神武天皇は九州から大和（奈良県あたり）に向かって東征し、大和に大和国家を成立させたというが、その年代を西暦に直すといまから二千数百年前になる。大和国家が縄文時代や弥生時代に建国されたとは考えにくい。

また、二代綏靖《すいぜい》天皇から九代開化《かいか》天皇までは、『古事記』および『日本書紀』に系譜は存在するもののその事蹟が記されていない。そのためこの八人の天皇は「欠史八代」と呼ばれ、実在していなかったという説もあるほどだ。

これらの奇妙な点をふまえると、日本書紀の六世紀以前の記述は事実とはかけ離れている可能性が高いといえる。

しかしながら、記紀は古代の皇位継承を知る上で最も重要な資料である。その記述は事実とかけ離れている可能性はあるが、記述のモチーフとなっている人物は実在していたという見解もある。

この記紀の記述によれば、初代神武天皇から一七代履中《りちゅう》天皇までは直系継承が基本となっている。

六世紀の兄弟継承

五世紀から七世紀ごろにかけての皇位継承には父子継承ではなく、兄弟継承が多く見られる。皇室系図を見ても皇位は天皇から長子に継承されるのではなく、兄から弟に継承され、末弟の死後、子の世代に継承されていく。その時皇位は末弟の長子が継承するのではなく、長兄の長子が継承していった。そして、その皇位継承者は「大兄」と称していることが多かった。

当時の兄弟継承は、例えば以下の継承に見ることができる。

・一七代履中天皇→一八代反正《はんぜい》天皇→一九代允恭《いんきょう》天皇
・二〇代安康《あんこう》天皇→二一代雄略《ゆうりゃく》天皇
・二三代顕宗《けんぞう》天皇→二四代仁賢《にんけん》天皇
・二七代安閑《あんかん》天皇→二八代宣化《せんか》天皇→二九代欽明天皇
・三〇代敏達《びだつ》天皇→三一代用明《ようめい》天皇→三二代崇峻《すしゅん》天皇→三三代推古天皇
・三五代皇極天皇→三六代孝徳《こうとく》天皇→三七代斉明天皇（＝皇極天皇重祚）

大兄による皇位継承は、子の世代が皇位につくことを困難なものにした。それは兄弟の数が多かったり、在位年数が長かったりすると、長兄の長子は皇位を継承する前に没してしまうことが多かったからだ。また、天皇の異腹の長子がそれぞれ「大兄」を名乗ることがあった。大和国家の有力豪族と婚姻する時、その長子が即位するかどうかが豪族の発展に影響するため、皇位継承をめぐって争いが起こることもあった。

こうした困難や政治的な争いを避けるための方法が、父子継承や女帝の即位であった。この頃の皇位継承をみると、三三代推古天皇、三五代皇極天皇、そして推古天皇の重祚となった三七代斉明天皇という二人三代の女帝が存在する。後に説明するが、その背景には兄弟継承ゆえの事情があったのだ。

また、兄弟継承が主流だった中で、二六代継体天皇は異例の継承をしている。継体天皇は二五代武烈天皇の高祖父の兄弟の玄孫である。つまり、継体天皇と武烈天皇の四世遡った祖先が兄弟関係であり、継体天皇は一五代応神天皇の五世の子孫にあたる。これは九等親という遠縁の継承であり、皇位継承の歴史における先例として今日の皇位継承論議でも参照されることが多い。

女帝・三三代推古天皇

六世紀末に日本で最初の女帝になったのが三三代推古天皇である。

古代、七世紀以前における天皇は「大王《おおきみ》」とよばれており、大王から天皇にかわるのは推古天皇（在位五九二〜六二八年）のころとされている。

『古事記』では推古天皇まで記述されており、『日本書紀』には「姿色端麗《みかおきらきら》しく、進止軌制《みふるまいをさをさ》し」と記されており、容姿も美しいうえにすぐれた才能を持っていたようである。

推古天皇は二九代欽明天皇の第二皇女として五五四年に生まれ、額田部《ぬかたべ》皇女といった。額田部皇女は十八歳の時に異母兄妹である敏達天皇の皇后となり、炊屋姫《かしきやひめ》となった。この時代は両親が同じ兄妹間の結婚は禁じられていたが、それ以外の血族結婚はよくあることであった。

当時の大和朝廷では、百済、そして新羅から仏教が渡来していた。権力を握っていた蘇《そ》我馬子《がのうまこ》は仏教への信仰があつく、仏教を受け入れ、造寺や造仏などに力を注いでいた。この仏教受容に反対していたのが物部氏で、蘇我氏と物部氏の間の対立は絶えず、それは政権抗争に発展した。

三〇代敏達天皇が病に倒れて亡くなると、物部氏はそれを、仏教にのめりこんで国の神を祀ることを怠った蘇我氏のせいにしようとした。さらに三一代用明天皇が病気を患い、仏教に帰依したいと漏らすようになると、排仏派の物部守屋《もののべのもりや》は「天皇の今の病気自体が、仏教を信じて国の神の祭祀を怠っているからだ」と仏教帰依に反対した。この用明天皇の死によって、蘇我氏と物部氏の争いはますます高まった。最終的に蘇我馬子が物部守屋を滅ぼし、政権を独占した。

用明天皇が崩御した後に即位した三二代崇峻天皇は、外伯父の蘇我馬子と対立した。五九二年、蘇我馬子の遣いによって崇峻天皇が暗殺されるという事件がおこった。

崇峻天皇の突然の死。この政治的に緊迫した状況において、次の皇位継承者はなかなか決まらず混乱していった。

男性の後継者としては、三〇代敏達天皇の皇子である押坂彦人大兄《おしさかのひこひとのおおえ》皇子や三一代用明天皇の皇子である廐戸《うまやど》皇子（聖徳太子）が存在した。しかし、年長と見られる押坂彦人大兄皇子は非蘇我系であり、また病弱であったことから、皇位継承者はなかなか決定しなかった（押坂彦人大兄皇子はすでに亡くなっていたとする説もある）。また、敏達天皇と炊屋姫（推古天皇）との子である竹田皇子も皇位継承者にふさわしい存在であった。

最終的に炊屋姫が群臣に推戴されて五九二年に即位し、推古天皇となった。その理由として、推古天皇は敏達天皇崩御後も朝廷内で力を持っていたことと、母は蘇我氏であったため、皇室と蘇我氏との協調関係を保って政治的安定を図るのに最適であったことが挙げられる。

敏達天皇と推古天皇の子である竹田皇子がなぜ即位しなかったのかという疑問には、さまざまな見解がある。竹田皇子はまだ若かったためという説や、廐戸皇子と仲が悪かったという説、蘇我馬子が政治的安定のために推古天皇の即位に肩入れしたという説、竹田皇子は推古天皇即位の際にはすでに亡くなっていたという説などがある。

過去の八人十代の女帝は、本命の皇位継承者を待つための「中継ぎ」であったという主張があるが、この即位の状況をみると、推古天皇は単なる中継ぎの天皇とはいえない。推古天皇は失墜した王権の回復のために、蘇我氏との朝廷との政治的権力のバランスをとるために皇位ついたという見解が主流である。

（左頁【図3】推古天皇・皇極天皇・斉明天皇略系図　参照）

女帝・三五代皇極天皇

皇室史上初の女性天皇であった三三代推古天皇の次々代の天皇も女性天皇であった。三五代皇極天皇である。しかも、皇極天皇は生前譲位をし、さらに六五五年には再び即位（重祚）して、三七代斉明天皇になっている。

皇極天皇は五九四年に生れた。名は宝《たから》皇女といい、三〇代敏達天皇の曾孫にあたる。宝皇女は舒明天皇の皇后となり、三人の子供をもうけているが、三人は葛城《かずらき》皇子（中大兄《なかのおおえ》皇子、天智《てんじ》天皇）、大海人《おおあま》皇子（天武《てんむ》天皇）、間人《はしひと》皇女（孝徳天皇の皇后）と、それぞれ天皇・皇后になっている。

皇極天皇が即位するまでのいきさつを簡単にまとめよう。聖徳太子に先立たれた推古天皇は次の皇太子を決めることなく崩御したが、推古天皇は皇位継承者にふさわしい人物として、田村皇子と山背大兄王《やましろのおおえ》（聖徳太子の子）の二人に注目していた。

この時の皇位継承にからんでくるのが、大臣であった蘇我蝦夷《えみし》である。山背大兄王を推薦する境部摩理勢《さかいべのまりせ》がなかなか引き下がらずに蘇我蝦夷と対立し、蘇我氏一族と行動を別にするようになった。そこで、田村皇子を推す蘇我蝦夷は、境部摩理勢が斑鳩《いかるが》宮に身を隠

【図３】推古天皇・皇極天皇・斉明天皇　略系図

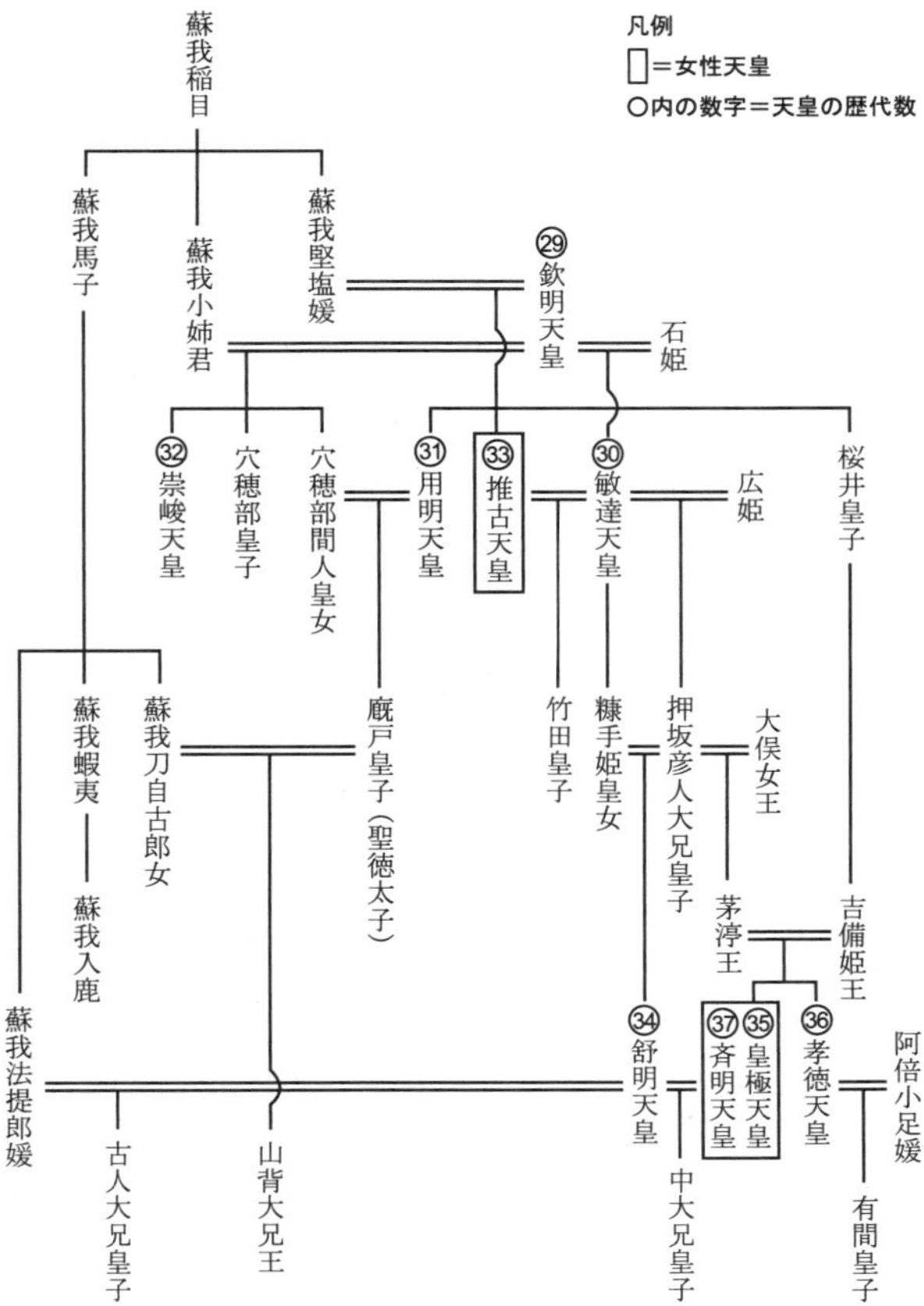

した時に境部摩理勢を攻め殺したのである。こうして、田村皇子は即位して三四代舒明《じよめい》天皇となり、その二年後（六三〇年）、宝皇女は皇后になった。

六四一年、舒明天皇が崩御した時、皇位継承者の候補としては、皇極天皇の子である中大兄皇子、舒明天皇と蘇我氏の女性との間に生れた古人大兄《ふるひとのおおえ》皇子、廐戸皇子の子である山背大兄王がいた。中大兄皇子は十六歳ぐらいで即位するにはまだ若く、山背大兄王が有力候補ではあったが、勢力を誇っていた蘇我氏は古人大兄皇子の即位を望んでいた。

後継者を容易に決定できない状況と、蘇我氏の強い意向から、舒明天皇の皇后である宝皇女が、ひとまず中継ぎ役として三五代皇極天皇として即位したとみられている。

（前頁【図3】推古天皇・皇極天皇・斉明天皇略系図　参照）

女帝・三七代斉明天皇

皇極天皇の時代になり、蘇我氏の政治的影響力はますます大きなものになった。大臣となった蘇我蝦夷に続き、蝦夷の子である蘇我入鹿《いるか》が自らの手に権力を集中しようとし、有力な皇位継承者の一人であった山背大兄王をおそって自殺させた。さらに後継者として最も有力候補であった中大兄皇子を退けて蘇我入鹿の甥である古人大兄皇子を皇太子に立てようとした。

六四五年、中大兄皇子は中臣鎌足《なかとみのかまたり》（藤原鎌足）とともに蘇我蝦夷・入鹿親子を滅ぼした。これが乙巳《いっし》の変である。中大兄皇子と中臣鎌足の策略を何も知らずにいた皇極天皇は、目の前で入鹿の惨死を目撃することになった。そのショックからか、皇室史上初めてとなる譲位を行ない、皇極天皇の弟である軽《かる》皇子が三六代孝徳天皇として即位した。

この譲位だが、実は、皇極天皇が次の天皇に選んだのは中大兄皇子だったという。しかし、ほかに皇位継承者にふさわしい人物として、異母兄の古人大兄皇子や叔父の軽皇子がいた。古人大兄皇子も軽皇子も即位を辞退していたが、中大兄皇子は相談した鎌足の意見に従い、結局は軽皇子が即位することになった。

六五四年に孝徳天皇が病死した時、皇位継承の有力候補としては皇極天皇の皇子で当時皇太子であった中大兄皇子（後の天智天皇）がい

中大兄皇子（右）と中臣鎌足（左）が初めて出会ったのは蹴鞠をしている時であった（神宮徴古館蔵）

た。しかし他方で孝徳天皇の皇子の有間《ありま》皇子も有力であったことや、孝徳天皇と中大兄皇子との間に不和が生じていた中で、孝徳天皇が崩御したことなどから、中大兄皇子が即位することは難しい状況にあった。

また、中大兄皇子に、大化の改新にはじまる内政改革を今後もさらに進めるためには、信頼できる実母に即位してもらい、自分は皇太子の立場で活動したほうがよいだろうという考えがあったという見解もある。

このようなことから、皇極天皇が六五五年に再度即位して斉明天皇となった。皇極天皇＝斉明天皇は、日本で初めて譲位と重祚をした天皇となった。このほかに重祚した天皇は、奈良時代の孝謙天皇が称徳天皇になった例しかなく、孝謙天皇＝称徳天皇もまた女帝である。

（百十一頁【図3】推古天皇・皇極天皇・斉明天皇略系図　参照）

父子継承への変化

五世紀から七世紀にかけて、兄弟継承が主流だったのは前述のとおりだが、七世紀頃から直系の父子継承の傾向が見られるようになってきた。三七代斉明天皇、三八代天智天皇、三九代弘文《こうぶん》天皇と続く継承は直系継承である。

なぜこの時期に直系の父子継承へと変化したのか。

三四代舒明天皇と三五代皇極天皇（三七代斉明天皇）の子である中大兄皇子は、斉明天皇の崩御後もしばらくは皇太子の立場で君主として政令を発し続けていた。中大兄皇子が皇太子の立場にいつづけた理由として、実妹の間人皇女（孝徳天皇の皇后、略系図では省略）と深い男女関係にあったことが挙げられる。間人皇女が亡くなった三年後の六八八年、中大兄皇子は二十三年間の皇太子時代に幕を引き、近江大津宮で即位して三八代天智天皇となった。

天智天皇は即位の際、実弟の大海人皇子を皇太子に定めた。天皇の仕事を進めるために大海人皇子との結束が必要だったこともあるが、それまで主流だった兄弟継承にならって皇位継承者を定めたのだろう。

ちなみに、天皇がその在位中に皇位継承者を定める制度（皇太子の制度）は七世紀頃に成立したといわれている。また、天皇の意思により皇位を譲る譲位の例は七世紀末以降に多くなってくる。

しかし、大海人皇子に皇位を継承するという天智天皇の考えに変化が生じるようになる。

近江朝での政治は、大海人皇子が太政大臣の立場で天智天皇を補佐してきたが、二人の関係は必ずしも良好なものではなかったようなのだ。その発端は、天智天皇即位の年にすでにあった。宮中での宴の席で大海人皇子が突然長槍を床に突き立てるという行動をとった。驚いた天智天皇だったが、やがて怒りだし、大海人皇子を殺そうとしたのだ。それを鎌足が止めに入ったことがあったという。

また、天智天皇の皇后には倭姫王《やまとのひめみこ》がいたが、皇后との間には子がなかった。しかし、身分の低い伊賀采女《いがのうねめ》宅子媛《やかこのいらつめ》との間に生れた大友《おおとも》皇子のすぐれた資質に目をつけ、自分の後を継がせたいと考えるようになった。

兄弟継承の慣習やその身分から、大海人皇子が皇太子の地位にあることが当然であったが、天智天皇の思いは揺らぎ始めていたのである。

六七一年、天智天皇は大友皇子を太政大臣に任命し、大海人皇子を新しい政治体制からはずす決断をした。しばらく何事もなく時は過ぎていったが、天智天皇は病を患うと、なぜか突然、大海人皇子に皇位を譲ると伝えたのだ。

しかし、政治の中心からはずされていた大海人皇子は、自分に皇位が継承されるとは思っていなかったようだ。動揺し感極まった大海人皇子は、政治は大友皇子に任せるべきだと進言し、自分は出家する決意を述べ、すぐさま宮中で剃髪しそのまま吉野へ向かったという。

こうして大友皇子は三九代弘文天皇となった。

しかし、三八代天智天皇が死去した翌年の六七二年、大海人皇子は弘文天皇を擁する勢力と対立して吉野で兵を挙げ、美濃で東国の兵を集め、大和地方の豪族の協力を得て近江の弘文天皇の朝廷を倒した。これがかの有名な壬申の乱である。この乱の後、大海人皇子は飛鳥浄御原宮《あすかきよみはらのみや》で即位して四〇代天武天皇となった。

女帝・四一代持統天皇

七世紀末から八世紀後半には女性天皇が四人五代みられる。四一代持統天皇、四三代元明天皇、四四代元正天皇、四六代孝謙天皇、四八代称徳天皇（孝謙天皇重祚）がそれだ。その理由は、後にも説明するが、女性天皇による継承によって、天武天皇の系統による継承を維持しようとした側面がある。

持統天皇は、三八代天智天皇の皇女で、四〇代天武天皇の皇后である。天武天皇在世中から、よく政治を助けていたという。

天武天皇は、対立していた兄の天智天皇の皇女四人を妃としていた。皇后鸕野讃良《うののさらら》皇女（天智天皇の娘、持統天皇）との間に草壁《くさかべ》皇子、大田《おおた》皇女（天智天皇の娘）との間に大来《おおく》皇女と大津皇子、大江《おおえ》皇女（天智天皇の娘）との間に長《なが》皇子と弓削《ゆげ》皇子、新田部《にいたべ》皇女（天智天皇の娘）との間に舎人《とねり》親王などをもうけた。こうしてみると、持統天皇の父天智天皇が、弟である天武天皇に娘を次々と嫁がせていたのは、政略結婚と見ることができるだろう。

六八六年に天武天皇が崩御すると、有力な皇位継承候補として、鸕野讃良皇女との子である皇太子草壁皇子と、異腹の大津皇子がいたが、両者をめぐって朝廷内部には対立があった。そこで、争いを回避し、また自分の子でもある草壁皇子の即位を実現するために鸕野讃良皇女が称制《しようせい》（先帝崩御の後、即位せずに国政をつかさどること）を行った。天武天皇が崩御した時に草壁皇子は二十五歳だったが、まだ即位するのに十分でなかったためという見方もある。

しかしその後、肝心の草壁皇子は六八九年に神経を病んでしまい、結局、皇位につくことなく二十八歳で薨去した。

そのため、草壁皇子の遺子（持統天皇の孫）で当時な幼少であった珂瑠《かる》（軽）皇子（後の文武天皇）を将来皇位に即けることを考えて、鸕野讃良皇女が六九〇年に持統天皇として即位したものと見られる。

以上のように、持統天皇が女帝として即位した理由としては、当初、後継者をなかなか決定することができなかったという事情があったことが挙げられるが、さらに言えば、嫡系継承を実現することが持統天皇の悲願だった。そのため、自身の孫である珂瑠皇子の皇位継承を実現するために即位したのだ。

六九六年、天武天皇の子で太政大臣だった高市《たけち》皇子が薨去した時に皇太子選定会議が開かれ、皇太子の人選について激しい議論が起こった。その席で、弘文天皇の子である葛野《かどの》王は「わが日本では、子から孫へと皇位を継承する直系相承こそ古来からの国家法である。もし、兄弟相承とすれば騒乱のもとになる」と主張した。この発言に天武天皇の皇子の一人である弓削皇子が異論を唱えたが、葛野王に一喝されたという。しかし、葛野王の「皇位は父子相承だった」という主張は間違っているという見解が主流である。むしろ日本古来の王位継承は先に述べたとおり、世代内・兄弟間の継承の傾向が強い。しかし、この時葛野王は、祖父の天智天皇が望んだ父子相承に説得力をもたせるために、あえてこのような発言をしたのだろうといわれている。

そして、珂瑠皇子が成長した後、持統天皇は六九七年に譲位し、四二代文武《もんむ》天皇が誕生した。自分の孫の即位のためにさまざまな布石をしき、それを実現させた持統天皇だったが、彼女こそが本物の「中継ぎ」の女帝といえるだろう。

（百二十一頁【図４】持統天皇・元明天皇・元正天皇略系図　参照）

女帝・四三代元明天皇

奈良時代最初の天皇であり、五代目の女帝である元明天皇は、三八代天智天皇の第四皇女として生まれた。四一代持統天皇の異母妹でもある。さらに天武天皇と持統天皇の皇子である草壁皇子の妃であり、四二代文武天皇の母でもある。

文武天皇は二十四歳という若さで崩御した時、その子の首《おび》親王《と》（後の聖《しょう》武《む》天皇）はわずか七歳であった。

生前から文武天皇は、祖父である天武天皇に年長の皇子たちがいることを意識していたことだろう。文武天皇にしてみれば、天武天皇の皇子に皇位を奪われる可能性があったが、彼らを差し置いて首親王が即位することは年齢的に困難であった。

文武天皇は病を患って余命が少ないことに気づいた時、なんとか自分の血統で皇位を受け継いでもらいたいと考え、母后に皇位を譲ろうとしたが、母后は聞きいれなかった。

しかし、七〇七年に文武天皇が崩御してしまった。首親王が今後成長して皇位を継承するのを待つ間、母である皇后に皇位を継承してもらうしかなかった。そこで、首親王の祖母が即位し、四三代元明天皇となったのである。

子から母への継承は、この時代において変則的なものである。なぜそこまでして首親王の成長を待ち、皇位を継がせたいのだろうか。

【図４】持統天皇・元明天皇・元正天皇　略系図

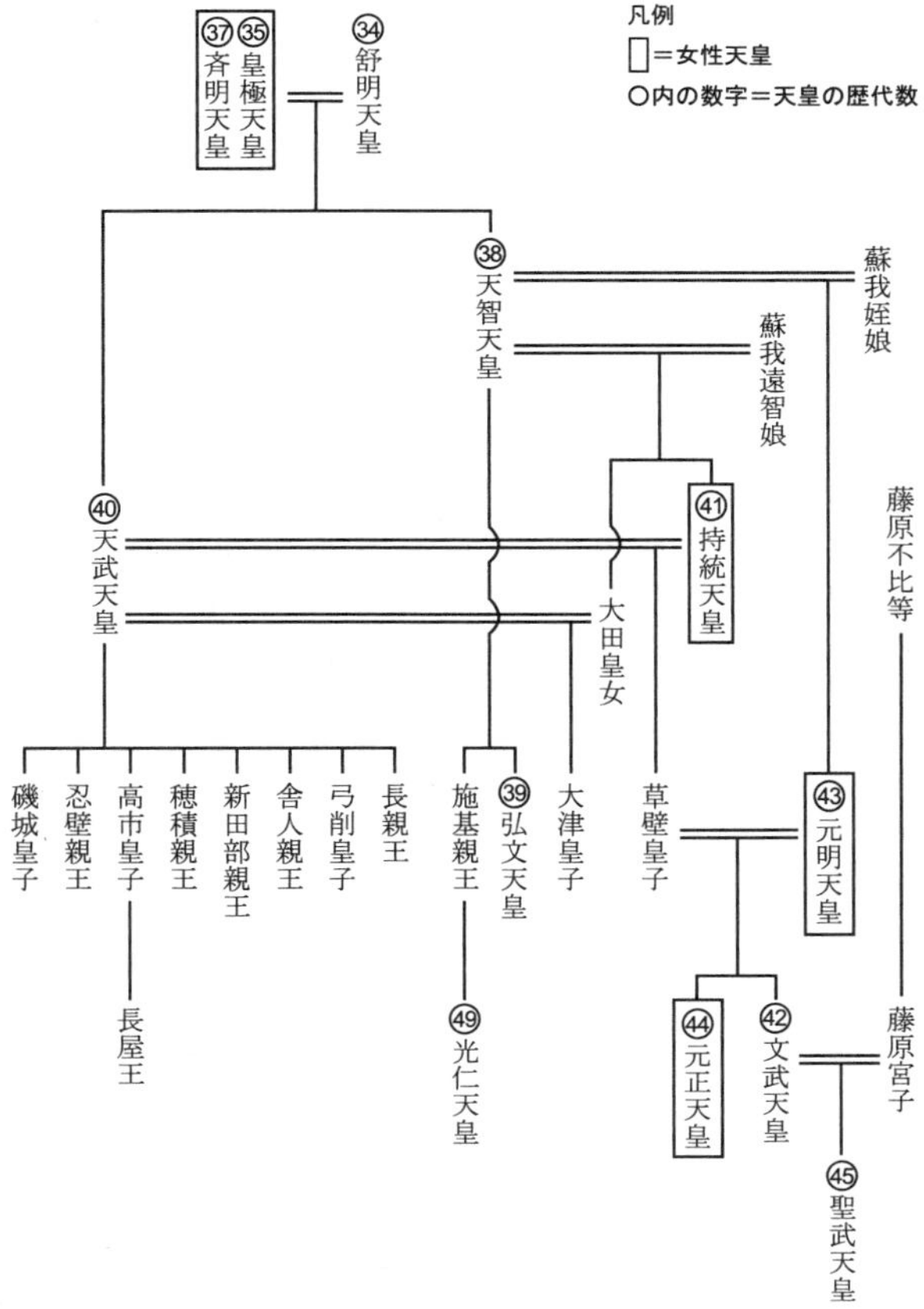

元明天皇が即位の式をあげた時、大極殿で即位の宣命を述べた。そこでは、「自分は、天智天皇が定めた不改の常典により持統天皇が文武天皇に位を譲ったように、私も不改の常典を守って即位する」と、即位の正統性を主張している。

この「不改常典」は、こののち長く即位儀礼の言葉として登場するキーワードである。「不改常典」の意味は「天地とともに長く、月日とともに遠くまで、改《かわ》ることのない常典」というものだ。「不改常典」は、天智時代に制定された近江令のことであると見られているが、その内容は、嫡系相続を定めた内容であるとか、もっとおおまかな継承のルールを定めた内容であるとか、さまざまな見解がある。また、この「不改常典」に従うことで、子から母への変則的な継承に正当な根拠を持たせようとしたともいわれている。「不改常典」という法は、天武天皇―草壁皇子―文武天皇―首皇子（聖武天皇）の皇位継承を正統と想定しているようだ。この継承をなんとでもまもりぬくために、四一代持統天皇、四三代元明天皇、そして四四代の元正天皇という女帝の誕生につながったのだろう。

これは、舎人親王などの天武天皇の子に皇位が継承されるのを防ごうという意図がみられる。そして、それを望んでいるのは、外戚である藤原氏といえる。首親王の母は藤原宮子、祖父は藤原不比等《ふひと》である。皇位継承おける藤原不比等の影響力は大きかった。

古代史家の薗田香融《そのだこうゆう》氏は、不比等が皇位継承者に伝えた「護《まも》り刀」に注目し、護り刀は

「皇位継承への協力のクレジット」であると指摘している・『日本古代の貴族と地方豪族』・。不比等は草壁皇太子から死の直前、護り刀を譲られ、草壁の子・軽皇子が即位して文武天皇となると護り刀を返した。また、文武天皇が崩御する前にふたたび刀をたまわり、その子、首皇子＝聖武の成人を見届け、護り刀を戻す。草壁→不比等→文武→不比等→聖武へと伝わったこの「護り刀」が、この時代の皇位継承の象徴として存在していたようだ。

（百二十一頁【図4】持統天皇・元明天皇・元正天皇略系図　参照）

女帝・四四代元正天皇

四四代元正天皇は草壁皇太子の皇女で四二代文武天皇の同母姉だ。文武天皇の遺児である首親王（聖武天皇）が成長して即位するまでの中継ぎ役としての即位だった。

元正天皇の即位も、四三代元明天皇の即位事情の流れを受け継ぐものであった。

元明天皇は、即位後九年にして年齢から来る心身の衰えを理由に譲位の意思を表明した。この時首親王は十五歳だったが、元明天皇譲位の詔によれば、首親王は政務を担当するにはまだ幼いとされた。また、首親王は病弱で精神面の発達の遅れがあったのではないかとも言われている。

一方、草壁皇子の弟である天武天皇の皇子も数人存在していた。さらに当時の朝廷には藤原氏を後ろ盾とする首親王の即位に反発する勢力も存在していたと見られる。

その一端は『日本書紀』にもみることができる。『日本書紀』が成立したのは元正天皇の時代である七二〇年であるが、『日本書紀』は文武天皇の即位で叙述が終わっており、七〇七年の元明天皇即位と七一五年の元正天皇即位に関しては触れられていない。この理由として、「『日本書紀』には、天智天皇と藤原家と関係の深い首親王（聖武天皇）の即位ではなく、舎人親王などの天武系皇族の即位を後押ししたいという意図が含まれていた」ともいわれている。

このようなことから、皇位継承をめぐる対立の激化を回避しながら首親王の即位を図るべく、首親王が成長するのを待つため、文武天皇の姉として最も近い血縁である元正天皇が即位したものと見られる。

元正天皇の即位も、元明天皇と同じく、天智天皇の意思による皇室の血統を守ることの大切さの上にたっている。そしてここにも藤原氏の影響を見ることができる。

首親王の母（藤原宮子）は皇族ではなかった。そこで、元正天皇が即位し、首親王の養母として位置付けることによって、首親王への皇位継承を正当化しようとしたのではないかとの見方もある。

また、元正天皇の即位について、この時代は藤原不比等が政治の実権を握っていたので、不比人の孫である若い首皇子が皇位につくことにためらいがあったのでは、という見解もある。

（百二十一頁【図4】持統天皇・元明天皇・元正天皇略系図　参照）

女帝・四六代孝謙天皇

四四代元正天皇は七二四年に首親王に位を譲り、ついに四五代聖武天皇が誕生した。聖武天皇は二十四歳になっていたが、元正天皇は譲位後も太上天皇として聖武天皇を支えた。

首親王（四五代聖武天皇）の母藤原宮子は皇族ではない。八世紀以降、天皇の母親は皇族以外の出身の女性であることがほとんどであった。

孝謙天皇は四五代聖武天皇の皇女で、母は藤原安宿媛《あすかべひめ》（光明皇后）である。安宿媛の子には阿倍内親王（後の孝謙天皇）の他に皇男子が一人おり、生後一カ月で皇太子に立てられたが、薨去する。その後、安宿媛は非皇族の身分から皇后（光明皇后）となったが、彼女は阿倍内親王の立太子を聖武天皇に強く説得したとみられている。聖武天皇には藤原氏以外の所生の男子（安積親王）もいたことから、藤原氏の意向も働いていたものと見られる。

そして、阿倍内親王が七三八年に女性として初めて皇太子となり、七四九年に聖武天皇から位を譲られて即位し、四六代孝謙天皇となった。

男系男子を原則としていた皇位継承の中で、女帝は「中継ぎ役」であったことはいままで見てきたとおりだが、孝謙天皇は、皇女として皇太子となり、皇太子を経て即位した初めてかつ唯一の女性天皇である。

しかし、女帝は一代限りという伝統があったため、孝謙天皇は独身を通すしかなかった。この時すでに女性天皇は皇位継承に自分の人生を大きく左右されていたといえる。

また、孝謙天皇に子供がなかったということで、皇位継承をめぐる問題がおこった。聖武天皇は空位だった皇太子について、遺詔で新田部親王の子の道祖王《ふなど》を指名していたが、道祖王は聖武天皇の服喪中にふしだらな行為をして廃位されてしまった。この時天皇の又従兄弟にあたる藤原仲麻呂の画策により、次の皇太子は舎人親王の子の大炊王《おおい》に決まった。

（左頁【図5】孝謙天皇・称徳天皇略系図　参照）

【図５】孝謙天皇・称徳天皇　略系図

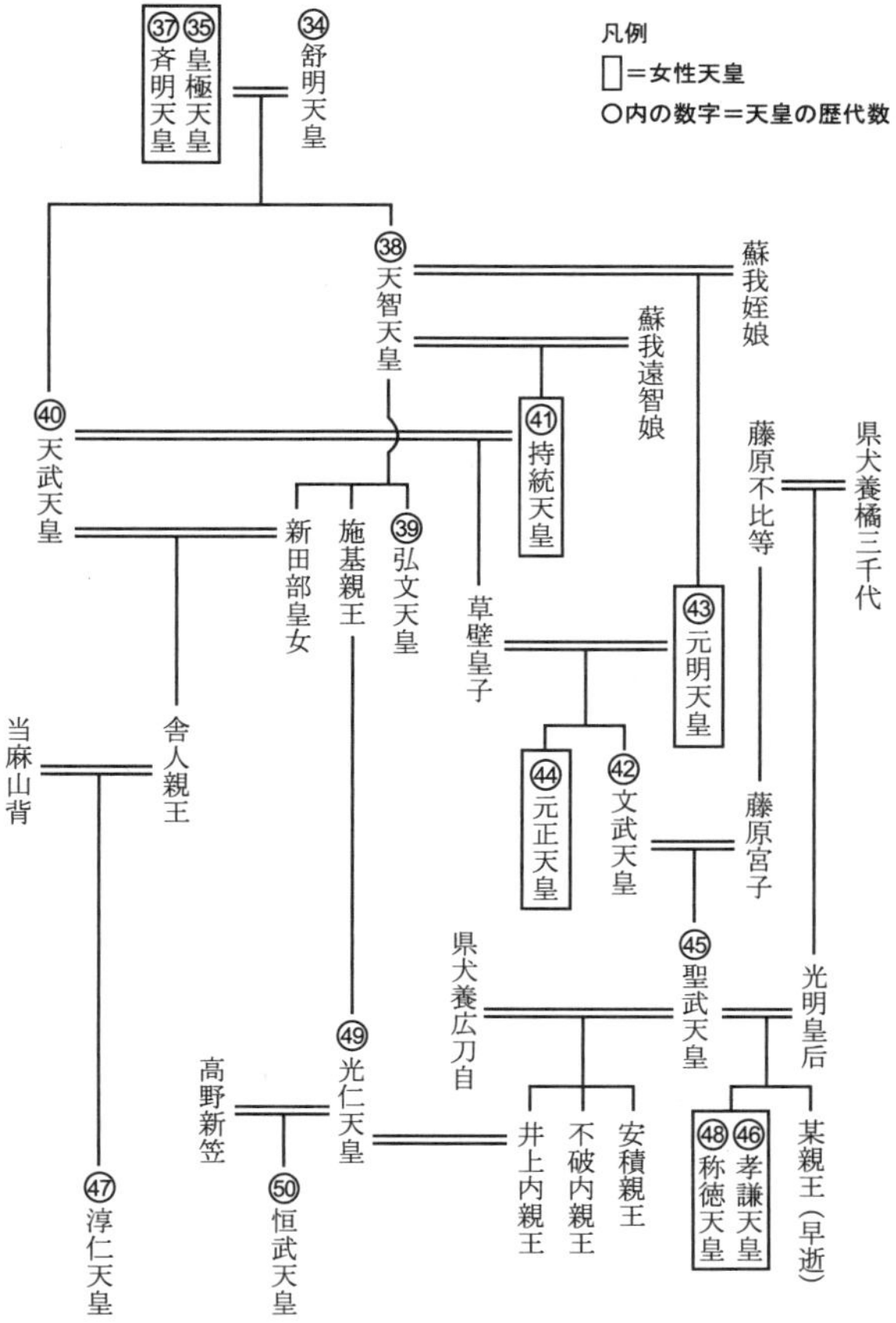

女帝・四八代称徳天皇（孝謙天皇重祚）

孝謙天皇は七五八年に大炊王に譲位し、四七代淳仁《じゅんにん》天皇が誕生した。孝謙天皇は譲位後も太上天皇として淳仁天皇を補佐していた。

しかし、事実上政治を動かしていたのは藤原仲麻呂《なかまろ》であった。

やがて、孝謙上皇は僧の弓削道鏡《ゆげのどうきょう》を重用するようになったが、淳仁天皇を擁する藤原仲麻呂はそれに不満をもち、ついに仲麻呂が乱を起こした。しかし、この仲麻呂の乱は失敗。孝謙上皇の勝利に終わり、藤原仲麻呂は無残な最期をとげた。

孝謙上皇の仲麻呂に対する怒りは相当なものだったという。そして、仲麻呂を後ろ盾とした淳仁天皇も位を追われて親王にされ、さらに淡路島に流され幽閉されてしまう。このエピソードが淳仁天皇が「淡路の廃帝」と呼ばれるゆえんである。

こうして七六四年に孝謙上皇が再度即位（重祚）し、四八代称徳天皇となった。この皇位継承は、権力をめぐる政治抗争が招いたひとつの帰結である。

称徳天皇の即位は、淳仁天皇を廃位して行われたものであったことから、即位の礼を挙げることはなかった。

その後、称徳天皇は道鏡への信任を深め太政大臣禅師とし、ともに政治を行おうとした。道鏡に対し、好意以上の感情を持ってしまい、女性としての人間性をあらわにしたともいわれている。

また、女帝であるがゆえに皇位を伝えるべき子孫が存在せず、皇位継承者の選定の問題が浮上してきた。聖武天皇は譲位した時「事あらば、孝謙には天皇を臣下に、臣下を天皇にすることも思いのままにしてよい」と孝謙天皇に勅命を下したという。しかし、この勅命が事実だとしたら、過去の皇位継承の伝統は無効化してしまう。

そんな状況の中、宇佐八幡事件が起こる。宇佐八幡は古くから皇室の信仰が厚かったが、そこから「道鏡を天皇にすれば天下太平になる」というお告げがでた。このお告げどおりに道鏡へ皇位が移ったならば、皇統以外の人物が天皇になり、中国王朝でいえば易姓革命のような事態がおこるところだった。

しかし称徳天皇はこのお告げにすぐに従わず、信託の真偽を確かめるために和気清麻呂《わけのきよまろ》を宇佐八幡宮に派遣した。結果的に、この行動が大革命を寸前のところで阻止することになった。和気清麻呂が宇佐八幡宮から持ち帰り奉告した神託は「わが国は開闢以来君臣定まりぬ。臣をもって君となすことといまだこれあらざるなり。天つ日嗣《ひつぎ》は必ず皇緒《こうちょ》を立てよ。無道の人はよろしくはやく掃ひ除くべし」というものだった。これを聞いた道鏡は大激怒し、和気清麻呂を九州の大隈へ追放した。しかし、この出来事によって、皇位を狙った道鏡の野望は泡となって消えてしまい、天皇家の正統な皇位継承が続くことになった。

七七〇年、称徳天皇は独身のまま皇嗣を決めることなく崩御し、道鏡は下野《しもつけ》に左遷された。そして天智天皇の孫で六十二歳の白壁王が四九代光仁《こうにん》天皇となった。
（百二十七頁【図5】孝謙天皇・称徳天皇略系図　参照）

平安時代の皇位継承

これまでみてきたように、奈良時代末、称徳天皇で天武天皇直系が絶え、皇統は遠い傍系の光仁天皇に移った。しかし、平安初期に一時だけ兄弟間の皇位継承が見られる。五一代平城《へいぜい》天皇、五二代嵯峨《さが》天皇、五三代淳和《じゅんな》天皇への兄弟継承である。五〇代桓武《かんむ》天皇の皇太子も当初は弟の早良《さわら》親王だったという。

この頃の制度の変化に、親王の制度が定められたことがある。親王については、少し前の七五四年に施行された『養老令』の「継嗣令」で、天皇の兄弟と子を生まれながらの親王・内親王であると定められていた。しかし、八一四年に五二代嵯峨天皇が詔を発し、すでに親王である者と、その後に誕生した同母弟妹と、特に勅裁を経た者は親王とすると定めた。これを発端として、皇胤《こういん》は「親王の称号を許す」という宣旨《せんじ》をうけることで、親王になる「親王宣下《しんのうせんげ》」の制度が慣例化した。これにより、たとえ天皇の兄弟姉妹や子であっても、親王宣下を受けないかぎり親王・内親王を名乗ることはできなくなった。

さて、五四代仁明《にんみよう》天皇以降、十世紀前半の六一代朱雀《すざく》天皇までは直系継承が支配的であった。しかし、なかには特殊な例もあった。

この異例の皇位継承に関わってくるのは五七代陽成《ようぜい》天皇のころに摂政・関白を称し、摂関政治を発展させていった藤原基経《もとつね》である。次の皇位には自分の血筋を持つ皇子をと考えていた藤原基経は、五八代光孝《こうこう》天皇を事実上即位させた。五七代陽成天皇から五八代光孝天皇への継承は傍系継承であり、それまで四代続いた父子相承の例に反するため、かなりの異論がでた。

また、五九代宇多《うだ》天皇は、一旦臣籍に降下し、三年後に皇族に復帰して即位したという特殊な継承をしている。

五九代宇多天皇は、五八代光孝天皇の皇子であるが、光孝天皇は藤原基経に気をつかい、次の皇位には基経の外孫に譲ろうとしていたため、自身の皇子・皇女二十九人すべてを臣籍降下させていた。しかし、光孝天皇が老衰で危篤に陥ると、基経は妹の藤原淑子に説得され、また天皇の意向も踏まえて第七皇子の源定省《さだみ》を皇嗣に推薦した。定省はただちに親王の身分に復帰した後、皇太子となった上で、即位して五九代宇多天皇となっている。

この出来事は、実状は異なるものの、現在議論されている臣籍降下した旧十一宮家の皇籍復帰の前例となりうるものである。

また、宇多天皇に関連して特殊な例となる皇位継承は、六〇代醍醐天皇である。醍醐天皇は、五九代宇多天皇が即位前の臣籍にあった間に誕生し、後に皇族となり即位したのである。

幼い皇太子の即位も多く見られるようになってきた。五六代清和《せいわ》天皇（惟仁《これひと》親王）は生後九カ月で皇太子となり、九歳で即位している。五七代陽成天皇（貞明《さだあきら》親王）も生後三カ月で皇太子に立てられ、九歳で即位している。このような執務能力の乏しい幼い皇太子が即位することは、飛鳥時代や奈良時代にはなかったことである。

この現象の要因として、天智天皇の皇統が代々相承されることにより、天智天皇の皇男子孫であることが重要視されたことや、天皇の政治を補佐する太政官に藤原良房《よしふさ》や藤原基経など藤原北家の有力者がおり摂関政治が行なわれていたことなどが挙げられる。

そのほかの傾向として、皇族が姓を賜り皇族以外の者の養子となる例が八世紀中頃以降、また、皇族が他の皇族の養子となる例が九世紀前半以降にみられるようになっている。

藤原氏の摂関政治と皇位継承

六一代朱雀《すざく》天皇は三歳で皇太子になり八歳で即位したため、ここでも藤原氏の摂関政治が行われた。朱雀天皇の外伯父である藤原忠平《ただひら》は摂政、その後六二代村上天皇の代でも関白に就任した。しかし、彼の死後、村上天皇の親政（天暦《てんりやく》の治）が行なわれ、摂政・関白の座は空位となった。しかし、村上天皇の逝去により、藤原実頼《さねより》が関白に就任した。以後、明治維新まで摂政・関白がほぼ常置されることとなる。

六一代朱雀天皇から六二代村上《むらかみ》天皇は兄弟継承だった。以後、十三世紀の鎌倉時代中期までは、直系継承と傍系（兄弟・甥・叔父・従兄弟等）継承が入り混じる。

なぜ傍系継承が行なわれたのか、その理由としては、直系の皇嗣が生まれる前に天皇が崩御したり、摂関時代においては外戚の勢力事情があったり、院政時代においては執政の上皇の意向等により皇位継承が行われたことなどが考えられている。

朱雀天皇には男子がなかったため、皇位は弟の六二代村上天皇、そして村上天皇の子である六三代冷泉《れいぜい》天皇に継承される。しかし、冷泉天皇は幼い頃から精神の安定を欠いており、即位式も人目を避けて行なわれた。その後、皇位は冷泉天皇の弟の六四代円融《えんゆう》天皇が即位した。このころには摂関政治が完成し、天皇は象徴的地位に追いやられることになった。冷泉天皇と円融天皇はともに藤原師輔《もろすけ》の娘である藤原安子《あんし》を母としていたことも、摂関政治を押し進める要因となった。

六五代花山《かざん》天皇は六三代冷泉天皇の子である。花山天皇も冷泉天皇と同様に精神が不安定だったといわれている。即位式では王冠が重いといって脱ぎ捨てるなどの行動をとったと伝えられているが、これらの行いがそれほど世に広まらなかったのは、天皇に仕えた堅臣の支えによるものだったという。しかし、花山天皇は、孫に皇位を継がせたがっていた藤原兼家《かねいえ》の陰謀に乗せられ、退位させられてしまった。

六六代一条《いちじょう》天皇が藤原道長の姉、六七代三条《さんじょう》天皇・六八代後一条《ごいちじょう》天皇・六九代後朱雀《ごすざく》天皇・七〇代後冷泉《ごれいぜい》天皇は藤原道長の娘を母にしており、外戚藤原氏の影響力は絶大なものになった。

一〇一八年、藤原道長の三女威子《たけこ》が後一条天皇の皇后となった時、道長が「この世をばわが世とぞ思ふ　望月の欠けたることもなしと思へば」と詠んだのは有名なエピソードである。

その後、七一代後三条天皇から七五代崇徳《すとく》天皇は全て直系継承である。なぜこの時期に皇位継承は安定しているのか。

平安時代を通じて皇位継承を安定させることは大きな政治課題とされていた。具体的には皇統を一条天皇系へ統一しようという流れがあった。そして、このころの天皇のほとんどが藤原氏出身の女性を母にしているのに対して、ここで即位した後三条天皇は、宇多天皇以来、百七十年ぶりに藤原北家を外戚に持たない天皇であった。後三条天皇は藤原氏に気兼ねすることなく天皇親政を行なった。それまでの藤原氏による摂関政治が、ここで揺らぎ始めることになったのだ。

一〇七二年に後三条天皇は第一皇子へ譲位し、七二代白河《しらかわ》天皇が二十歳で即位した。白河天皇も摂関家を外戚に持たない天皇であり、後三条と同様に親政を行ったが、一〇八六年に当時八歳の善仁《たるひと》皇子へ譲位し、七三代堀河天皇が誕生した。白川天皇は太上天皇（上皇）となり、幼帝を後見するため引き続き政務に当たった。これが白河院政の始まりである。一一〇七年に堀河天皇が崩御した後、その皇子が四歳で即位し七四代鳥羽天皇となった時も、白河上皇はそのまま院政を継続した。

この時代、直系相続による皇位継承は理想的ものであり、そこでは院政という政治形態が適していた。皇位継承者である男子は必ず確保できるものではなく、皇統が途絶えてしまうのではないかという不安は常にある。皇位継承者となるべき皇子が多すぎても争いは絶えない。しかし、院政では、上皇が皇位継承者を指名できるので、皇統は安定したのだった。

天皇としての地位にあった幼帝たちも、政治で強い指導力を発揮するためには、早くに

96代後醍醐天皇

譲位し、上皇として院政を行なわなければならなかった。

南北朝時代

鎌倉中期以降、皇室では皇統が二つにわかれ、両派が交代で皇位につくという両統迭立《てつりつ》となっていた。

一二四六年に八八代後嵯峨《ごさが》天皇より皇位を譲り受けた八九代後深草《ごふかくさ》天皇は、わずか四歳であった。後嵯峨天皇は後嵯峨上皇として院政を行なった。後に後深草天皇は病気になり一二五九年、弟恒仁《つねひと》親王に譲位し、九〇代亀山《かめやま》天皇になった。後嵯峨上皇は一二六八年、後深草天皇に皇子があるにもかかわらず、亀山天皇の皇子世仁《よひと》親王（後宇多《ごうだ》天皇）を皇太子に立てた。しかし、一二七二年に後嵯峨上皇が崩御した時、政務の実権を握る「治天の君」を定めておらず、故後嵯峨上皇の嫡妻大宮院の裁定で即位していた亀山天皇が「治天の君」に就任した。

これに悲観した後深草上皇は出家しようとしたが、執権北条時宗《ときむね》が同情し、一二七五年に、後深草天皇の子と孫の二代を後宇多天皇に続く皇嗣に定めた。この二代が九二代伏見《ふしみ》天皇と九三代後伏見《ごふしみ》天皇である。続いて後宇多上皇の皇子の九四代後二条《ごにじょう》天皇を立てる時に、伏見天皇の皇子富仁《とみひと》親王（九五代花園《はなぞの》天皇）を皇太子に定め、花園天皇の皇太子には後宇多上皇の皇子の尊治《たかはる》親王（九六代後醍醐《ごだいご》天皇）を定めた。

こうして、八九代後深草天皇の系統（持明院《じみょういん》統）と九〇代亀山天皇の系統（大覚寺《だいかくじ》統）の間で、ほぼ交互に天皇に即位するという両統迭立がはじまった。持明院統が嫡長子を尊重する考え方による継承を主張し、大覚寺統が父帝の意思を尊重する考え方による継承を主張したことがあると考えられる。

これが南北朝時代へとつながったのである。

一三〇四年の後深草上皇の死後、大覚寺統と持明院統の対立は険悪化し、一三一八年に幕府の奏請で大覚寺統から即位した九六代後醍醐天皇が親政を推し進めた。後醍醐天皇は一二二一年の承久の乱以降、幕府が皇位決定権を持っていることに不満で、自分の皇子に皇位を継承させるには倒幕以外に方法はないと考え、倒幕計画を進めたが、一三二四年に幕府側に計画が漏れて失敗。その後も後醍醐天皇は倒幕のために一三三一年に挙兵したが失敗し、神器を奉じて南都（奈良）に逃れ、その後隠岐に流された。その間京都では北朝初代となる持明院統の光厳《こうごん》天皇が即位し、二人の天皇が同時に並存する状態になったのである。

その後、後醍醐天皇の皇子護良《もりなが》親王や楠木正成《くすのきまさしげ》らが幕府軍と戦い、天皇も隠岐を脱出。幕府軍の大将であった足利尊氏《あしかがたかうじ》が幕府にそむき六波羅探題《ろくはらたんだい》を攻め落とし、新田義貞《よしさだ》が鎌倉に攻め込んだ。これにより北条氏は滅ぼされ、一三三三年、鎌倉幕府は滅亡した。

後醍醐天皇は隠岐を脱出した後、光厳天皇を廃し京都で建武の親政を行うが、武家冷遇の天皇親政は足利尊氏の離反をまねいて崩壊。足利尊氏が持明院統の光厳上皇を立て、上皇の弟の豊仁《ゆたひと》親王が北朝二代の光明《こうみょう》天皇となった。これにより後醍醐天皇は京都を出て吉野へ還り、皇統の正当性が自分にあることを主張した。この結果、吉野の南朝と京都の北朝が約六十年にわたりそれぞれ別の年号を用いて両立する南北朝時代が始まった。

北畠親房『神皇正統記』と三種の神器

足利尊氏と室町幕府側である北朝は軍事経済力の面では南朝よりも優位であった。しかし、それにも関わらず、南朝は自分たちこそが正統であるという認識が強い。なぜか。

それは南朝が皇位の正当性を象徴する三種の神器を奉じていたからである。

三種の神器という言葉は南北朝時代から使われたようであるが、それは八咫鏡《やたのかがみ》、草薙《くさなぎの》剣《つるぎ》、八尺瓊勾玉《やさかにのまがたま》をさしている。

南朝と北朝に王権が分かれたこの時代は、王権の正当性の根拠を意識せざるをえない。その時に南朝の指導者の一人である北畠親房《きたばたけちかふさ》の『神皇正統記《じんのうしょうとうき》』が重要な書物となった。『神皇正統記』は歴史書であり、日本の由来を記し、天竺《てんじく》（インド）や震旦《しんたん》（中国）など世界と日本の地理的位置づけをまとめる。また、王朝が交代してきた中国と、皇統が途絶えることのなかった日本を比較し、日本の優位性を主張する。また、神武天皇登場までの日本の神話、そして神武天皇を初代とした九六代村上天皇までの歴代天皇の皇位継承と各事跡などを記している。

この中で北畠親房は、皇位の継承は三種の神器によって証明されることを説いた。

「わが国の神霊として皇統一種のみが正しくあられることは、まことにこれらの勅に明かである。三種の神器が世に伝わることは日月星が天にあるのと同じである。（中略）この三徳をあわせて受けないでは天下を治めることはまことに難しいにちがいない」（松村武夫訳）。

そして、神器をもたないものには「偽主」との烙印まで押している。

注目したい点が二つある。第一に、『神皇正統記』には皇位の継承の正当性について、「男系か女系か」ということは明確に記述されておらず、強調されてもいないことだ。

また、「なぜ皇位継承は男系でなければならないか」を説明した歴史的文書は存在しない。現代の皇位継承問題においても、女系であって三種の神器を継承すればいいという見解がある。その考え方の背景には、三種の神器を受け継ぐことを皇位継承の正当性の根拠としていることがある。

第二に注目したい点は、北畠親房が構想した天皇年代記の特徴に、正統の天皇と傍系の天皇を区別し、「第五八代、第三一世光孝天皇」と代数と世数をわけて記していることである。世数というのは、後醍醐天皇からさかのぼり神武天皇にいたる父子一直線上にのる天皇のみを正統の天皇とし、そこから枝分かれした傍系は世数に入れられないということである。

『神皇正統記』は北畠親房が陣中で急いで書いたものであるが、それは東国武士に南朝への参加を説得するためのものだったという説がある。また、『神皇正統記』の中で後醍醐天皇や北条泰時《やすとき》などには身贔屓《みびいき》し、足利尊氏を罵倒する不可解な記述がある。客観的な歴史書として読むには注意が必要だ。

しかしながら、昭和天皇も終戦直後の九月九日に、皇太子に宛てた手紙の中で「戦争をつづければ　三種神器をまもることも出来ず　国民をもころさなければならなかったので涙をのんで　国民の種をのこすべくつとめたのである」と書いている。三種の神器の重要性は昭和天皇も認識しておられたのだ。

さて、皇位継承の歴史の中で特異な状況にあった南北朝時代だが、南朝と北朝の二王朝も三種の神器の扱いを焦点として、合一にこぎつけることになる。

三種の神器はずっと南朝が保持していたが、室町幕府三代将軍の足利義満《よしみつ》は、南朝にある神器は譲位の儀式をもって北朝の天皇に授けられることと、今後の皇位継承順は両統の迭立とすることなどを南朝に申し入れ、南朝は合一を受け入れた。しかし、義満は三種の神器を受け取るも、儀式も両統迭立も行なっていないので、強引に南北朝合一をすすめたといえる。

女帝・一〇九代明正天皇

平安時代以降、久しく途絶えていた女帝が復活するのは一〇九代明正《めいしょう》天皇である。まず、その即位にいたる江戸時代までの皇位継承の特徴について簡単に見てみよう。

室町時代以降、現代に至るまでは直系継承が中心であるが、いくつか例外がある。まず、一〇一代称光天皇から一〇二代後花園《ごはなぞの》天皇への傍系継承である。一〇一代称光天皇には皇男子がなかったことから、後小松上皇は大覚寺統の動きを牽制する必要があった。そのため、称光天皇が崩御する前に伏見宮家の諸王を猶子に迎え入れ、一四二九年、称光天皇の崩御とともに一〇二代後花園天皇が即位した。後小松上皇は一四三三年まで院政を続けた。それ以後は、後花園天皇が親政を行い、一四六四年に一〇三代後土御門《ごつちみかど》天皇に譲位した後も院政を続けた。

女帝となった明正天皇から始まる継承も傍系継承である。一〇九代明正天皇、一一〇代後光明《ごこうみょう》天皇、一一一代後西《ごさい》天皇、一一二代霊元《れいげん》天皇へと三回兄弟継承が続いた。

まず、一〇九代明正天皇が即位する経緯には朝廷と幕府の確執があった。

江戸幕府の基礎固めが完了した徳川家康《いえやす》は、徳川家の子女を皇室にいれたいという願望をもっていた。この願望は徳川幕府二代将軍秀忠《ひでただ》に受け継がれ、秀忠の四番目の娘である和子を一〇八代後水尾《ごみずのお》天皇に入内することになった。しかし、入内直前になって後水尾天皇は女官との間に皇子・皇女がいることが発覚し、秀忠は激怒。後水尾天皇は正妻以外に子がいることなど当然のものと思っていたようで、秀忠の怒りにあっけにとられていた。しかし、和子の入内を破談にされたのでは元も子もない。後水尾天皇は秀忠の怒りをおさめるために近臣を処罰するなどして詫びをいれ、一六二〇年に徳川和子が入内した。

しかしながら、後水尾天皇は幕府の朝廷に対するやりかたに納得がいかなかった。この頃、和子入内前の一六一五年には、禁中 並 公家諸法度《きんちゅうならびにくげしょはっと》とが公布されていた。これは、朝廷がみだりに紫衣《しえ》や上人号を授けることを禁じたもので、江戸幕府が天皇と公家に対する統制を確立するために定めた法である。

【図６】明正天皇　略系図

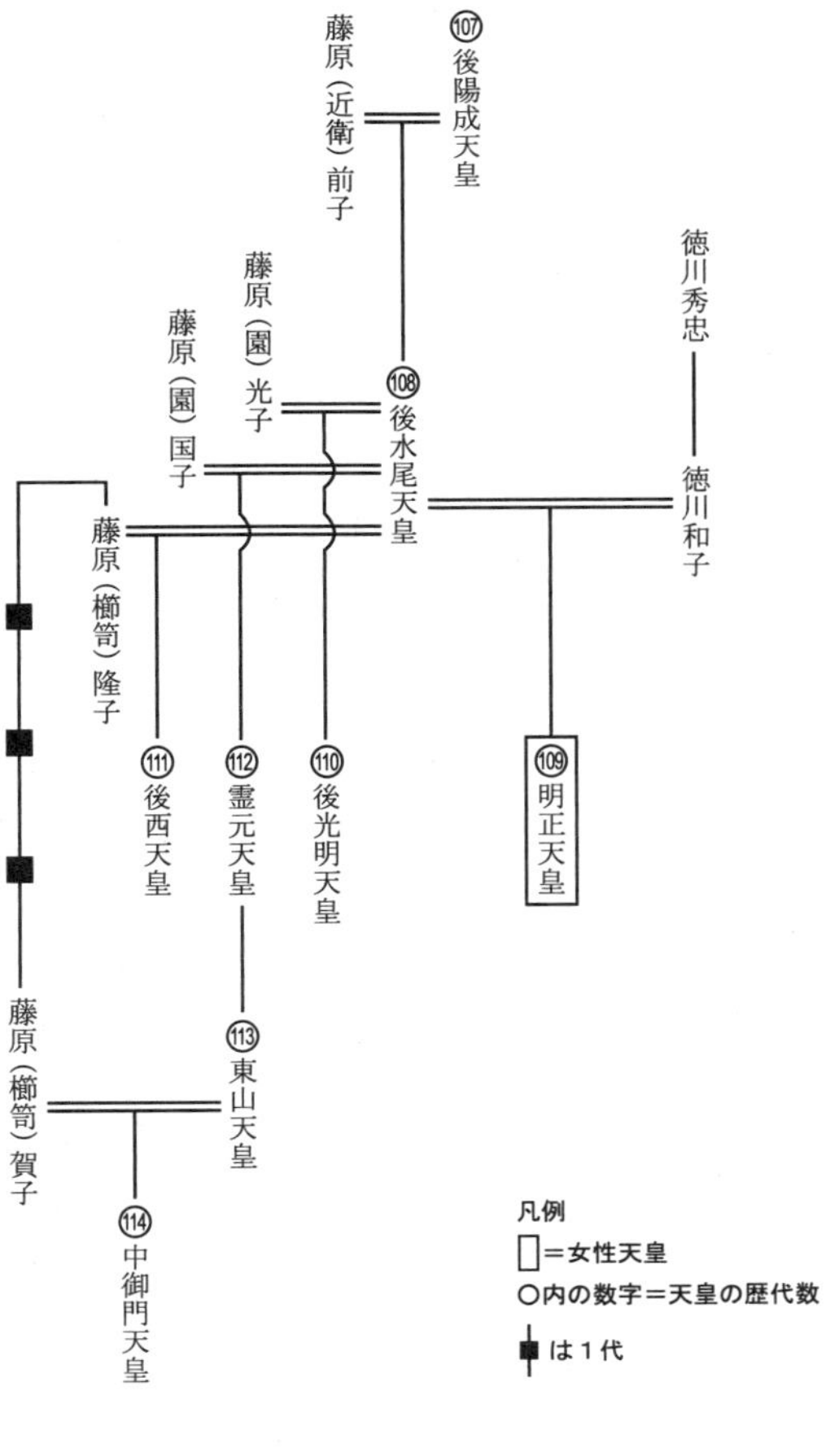

藤原（近衛）前子
107 後陽成天皇
藤原（園）光子
藤原（園）国子
108 後水尾天皇
徳川秀忠
徳川和子
藤原（櫛笥）隆子
111 後西天皇
112 霊元天皇
110 後光明天皇
109 明正天皇
113 東山天皇
藤原（櫛笥）賀子
114 中御門天皇
凡例
＝女性天皇
○内の数字＝天皇の歴代数
は１代

幕府のやり方に不満の後水尾天皇は、幕府が紫衣の授与を規制したにもかかわらず、従来の慣例通り僧侶に紫衣着用の勅許を与えた。これを知った幕府、三代将軍徳川家光《いえみつ》は事前に勅許の相談がなかったことを法度違反とみなして多くの勅許状の無効を宣言し、紫衣を取り上げるよう命じた。これに対して朝廷は、これまでに授与した紫衣着用の勅許を無効にすることに強く反対した。これが朝廷と幕府の最大の不和確執とされる紫衣事件である。

権威を傷つけられた後水尾天皇はこの事件をきっかけに退位を決意。和子との間に生れた皇男子は薨去していたため、皇男子が生まれるまでとして、和子との間に生れた皇女である興子《おきこ》内親王に譲位し、一〇九代明正天皇が即位した。

その後、明正天皇は一六四三年に皇男子である弟に譲位し一一〇代後光明天皇が即位した。

後光明天皇は皇男子がなく、在位十二年、二十二歳で病没してしまった。この時、後光明天皇の異母弟かつ養子である識仁《さとひと》親王（霊元天皇）が生後間もないため、高松宮《たかまつのみや》（後の有栖川宮《ありすがわのみや》）を継いでいた良仁《ながひと》親王（後水尾天皇の皇子）が、識仁親王が成長までの中継ぎとして即位し、一一一代後西天皇となった。そして、識仁親王は一六六三年に兄の後西天皇から譲位され、一一二代霊元天皇となった。

このように、一〇九代明正天皇から一一二代霊元天皇へかけての兄弟継承は、後水尾上皇の意思と後光明天皇の早世による結果と考えられる。

（百四十三頁【図6】明正天皇略系図　参照）

女帝・一一七代後桜町天皇

一一六代桃園《ももぞの》天皇、一一七代後桜町《ごさくらまち》天皇、一一八代後桃園《ごももぞの》天皇への継承も傍系である。最後の女帝である後桜町天皇は桃園天皇の姉であり、後桃園天皇は後桜町天皇の甥である。

一一六代桃園天皇は二十二歳の若さで崩御したが、桃園天皇の直系の息子である英仁《ひでひと》親王（後桃園天皇）はまだ五歳であった。そこで、確実に英仁親王に皇位を継承するために公卿一同は評議して、英仁親王が成長するまでの間の中継ぎとして、一一五代桜町《さくらまち》天皇と藤原舎子《いえこ》との間に生れた第二皇女である智子《としこ》内親王に皇位を継承することを決定。幕府に通知し了承を得て即位し、八人十代目の女帝となる一一七代後桜町天皇が誕生した。

そして、最初の取り決めどおり、英仁親王は十三歳で元服すると、後桜町天皇から皇位を譲り受けて一一八代後桃園天皇として即位した。

このように、最後の女帝は桃園天皇の直系たる英仁親王（後桃園天皇）が幼少のため同親王が成長するまでの間、後桜町天皇が即位したものである。これも典型的な中継ぎとしての女帝であり、結果として傍系継承となった。

一一八代後桃園天皇から一一九代光格天皇への継承も傍系継承である。後桃園天皇の曽祖父の兄弟の孫にあたる光格天皇は、新井白石の意見によって作られた閑院宮家の出であり、閑院宮典仁《すけひと》親王の第六子である。一一八代後桃園天皇が崩御したが皇子がなかったため、一七七九年に後桃園天皇の養子となり天皇を継ぎ、一一九代光格天皇となった。皇后は後桃園天皇の皇女である欣子内親王である。

つまり、この系統移動は後桃園天皇の直系皇男子および近親皇族の不在によるものである。

光格天皇は傍系であるということで幕府からも軽んじられていた。そこで先々代の後桜町院は学問に力を入れるように指導し、光格天皇は若い公家を集めて勉強会をひらくなど、学問に力を入れ、天皇についての理念をもつようになっていったという。

光格天皇は長く途絶えていた天皇家のしきたりや行事を復活させた。これによって失墜していた天皇の権威を復活させたのだ。

また、古代以来、九百年近く「天皇」という称号は途絶えており、代わりに死後になって「院」という院号がおくられていた。この「天皇」という称号を復活させたのが光格天

【図７】後桜町天皇　略系図

凡例
□＝女性天皇
○内の数字＝天皇の歴代数

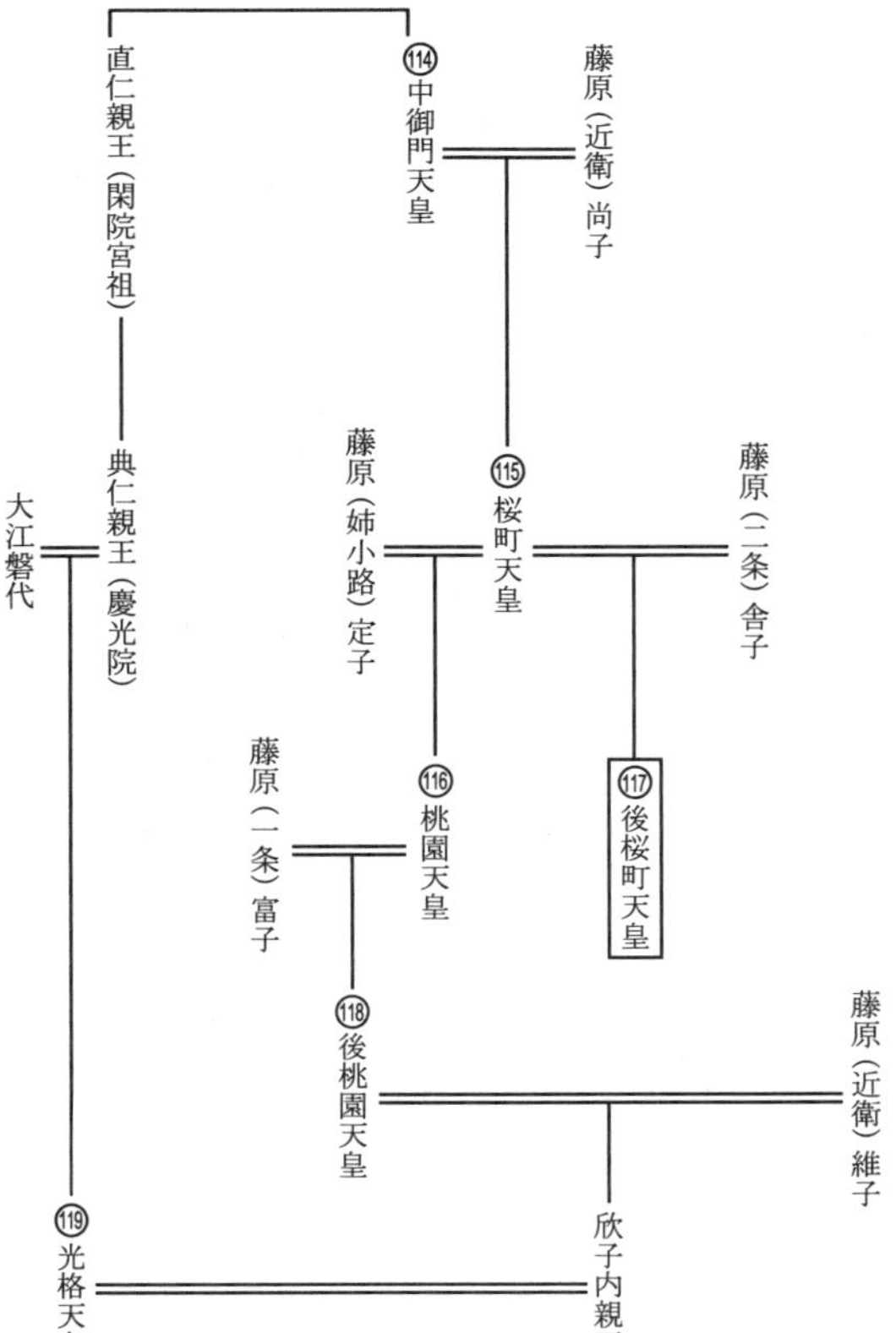

皇であった。

歴代天皇はそれぞれ君主についてのありかたや、皇統の意義についての意識を持っていたが、傍系から入ったゆえに、それを特に意識することがあることを光格天皇は示している。

（前頁【図7】後桜町天皇略系図　参照）

■鈴木邦男の視点■　万世一系は今から始まる——希望としての皇室

天皇は神であり、日本は神国だ。昔はそう信じられていた。また、それを証明し、補強する事実も集められ、皇国史観になった。たとえば鎌倉時代だ。元の大軍が攻めてきた。日本にはとても勝ち目はない。しかし、神風が吹いた。それも二度までも。やはり日本は神国だ。神が護ってくれたのだ、と確信した。また、日清、日露の大戦で勝利した。やはり日本は神国だと思った。そして傲慢になった。今度はアメリカだ。大国ロシアだって破ったんだ。アメリカにも勝てる、と思った。敗戦に次ぐ敗戦の中にあっても、「でも神風が吹く」と思った。日本は神国なんだし、敗けるはずがないと思った。でも敗けた。そして天皇は、人間宣言をした。

日本は神国ではなかったのだ。いや、こういう言い方は違うのかな。本当は神国だ。日本だけではない。世界中が神国だ。この世は神がつくった。少なくとも猿が進化したと思うよりは楽しいし、ロマンがある。そう信じたい。だから、どこの国にも建国の神話がある。日本にも『古事記』『日本書紀』がある。これを読めば日本が神国だということがわかる。そう言われてきた。神の子孫が天皇であり、代々、この日本を統治してきた。世界に冠たる国だ。そう思い、だからこそ「じんむ、すいぜい、あんねい……」と、子供までが歴代天皇の名前を暗誦《あんしょう》した。

しかし、これは「誤解」なのだ。神国や神風についての誤解だ。また、神話（『古事記』や『日本書紀』）についての「誤読」なのだ。二〇〇四年（平成十六）の八月に僕は現代書館から『ヤマトタケル』を出した。そのために『古事記』や『日本書紀』を読み返した。いや、初めて全体を読んで、そして驚いた。神々だって嫉妬し、争い、殺し合う。その子孫の天皇も親兄弟で争い、殺し合う。近親相姦もあるし、裏切り、大虐殺もある。一体これは何なんだと思った。

どうせ神話を作るのなら、もっと美しく、きれいな話だけを書けばいいじゃないか。そう思った。正しく、理想に燃え、慈悲深く、そんな神々や天皇がいた。そういう人々ばかりだ。だから日本は神国だ。そういうのならわかる。しかし、違うのだ。乱暴で、どうしようもない神々もいる。ドジでアホらしい天皇もいる。天皇の位をめぐって闘い、殺し合いもする。どこが神国なんだ、と思った。

そのうち、ハッと思った。もしかしたら、これは素晴らしい神話かもしれない、と思った。だって神々だって間違うし、その子孫の天皇も間違う。失敗し、後悔する。ましてや我々は間違いの多い人間だ。だから、もっともっと謙虚に寛容に生きよう。そういう教訓なんだろう。それが日本精神だ。だから中国や朝鮮の文化や人を無制限に受け容れてきた。明治以降はヨーロッパだ。そして敗戦後はアメリカだ。日本が無くなるほどに外国の文化を受け容れてきた。でも日本は無くならなかった。強靭な咀嚼力があったのだ。

江戸時代、儒教は国教のようなものだった。中国から来た。孔子、孟子の国の中国は世界最大の理想の国だと思った。その聖なる国に少しでも近づきたいと思い、ある儒学者は江戸から北陸に引っ越した。また、明治時代の初め、お雇い外国人がどっと来日した。西洋の素晴らしい技術を教えた。でも日本にも素晴らしい歴史があるはずだと思い、周りの日本人に聞いた。周りだから、日本人のトップのエリートだろう。彼らに、「日本の歴史について教えて下さい」と聞いたのだ。ところが、日本人は口を揃えて言う。

「我々に歴史はありません。今日から始まりなのです」

いいねえ、こういう自虐的な発想は、と思った。今だったら「ふざけるな！」「売国奴め！」と言われるかもしれない。しかし、こういう自虐的、というか謙虚な日本人が、その後の日本をつくったのだ。進んだ外国に比べたら日本なんて何もない。ゼロだ。そう思ったからこそ、「追いつき、追い越せ」で頑張った。これも愛国心だ。いや、こっちの方が正しい愛国心だ。日清・日露戦争に勝ち、思い上がった、他国を見下した傲慢な気持ちは正しい愛国心ではない。そう思う。ちょっぴり自虐的なくらいがいいのだ。

乱臣賊子の所業

二・二六事件で刑死した北一輝《きたいつき》は、『国体論及び純正社会主義』の中で、こう言っている。

「あゝ今日四千五百万の国民は殆《ほとん》ど挙《こぞ》りて乱臣賊子《らんしんぞくし》及びその共犯者の後裔《こうえい》なり」

北一輝

これを読んだ時は驚愕した。だって、北は皇道派の青年将校の思想的リーダーと目された人だ。天皇絶対の立場からクーデターを考えていた。そう思っていたから、これは何だ、と思った。でも北の方が、〈日本人〉を見抜いていたのだ。二千年以上の長きにわたって天皇は続いてきた。国民は天皇を愛し、守ってきた。だから我々も忠良な臣とならなくてはならない。そう教え込まれ、そう思ってきた。ところが北は反論する。日本人はそんな忠良な民族だったのかと。歴史を見たら、むしろ、天皇を軽んじ、いじめ、迫害し、時には島流しにしている。乱臣賊子ばかりだと。これも自虐的だ。しかし真実だ。

そして今、「何が何でも男の子を生め」「女帝ではもう天皇制ではない」と言いつのるのも、「乱臣賊子《らんしんぞくし》」の所業《しょぎょう》ではないのか。俺は皇室の将来を心配している、と言いながら自説を押し付けているだけだ。脅迫だ。そう思ったから、「朝日新聞」（二〇〇五年六月二九日付夕刊）にも、そう書いた。「限度超す皇室への期待」とタイトルは付けられた。さらに、サブタイトルが「『乱臣賊子』としての日本人」だ。こんな過激な言葉を、よくサブタイトルにしたな、と思った。担当記者も納得したからだろう。

北一輝はこの本の中で、さらに凄いことを言っている。僕らは、皇室は万世一系だと思ってきた。だから男系男子の継承が絶対に必要なんだ。神武天皇の染色体を絶やしてはならないと言う人もいる。しかし北一輝は、天皇は「万世一系」ではないと喝破する。

「所謂《いわゆる》『萬世一系の天皇』とは現天皇を以て始めとし、現天皇より以後の皇位を萬世に伝ふるべしと云ふ将来の規定に属す」

僕はガーンと頭を殴られたような衝撃を感じた。「万世一系」と言ったって、かなり無理があるだろうと、疑問に思ってきた。モヤモヤしていた。それが一瞬にして、サーッと払われたのだ。そうか、そう考えればいいのか、とスッキリした。こんなに長い皇室の歴史だ。どこからが本当に実在した天皇かもわからない。「欠史八代」ともいわれるし、さらに実在の怪しい天皇がいるのかもしれない。ヤマトタケルだって実在の皇子か、神話の登場人物かわからない。でも、いい。また、継体天皇はかなり血の遠い天皇だという。一度断絶した血統を無理につないだから継体だという人もいる。さらに南北朝もあった。どこが万世一系か、と疑問に思ったこともあった。でも、そんな事はどうでもいいことだ。万世一系は今から始まる。今から始まる決意や希望、理想なんだ、と北は言う。

　これだけ長い皇室の歴史だ。いろんなことがあるだろう。あっていい。どこまでが神話かもわからない。それがまた、素晴らしいと思う。初めの方は霧の彼方だ。実在・非実在を超えている。しかし、しだいにシルエットが現われ、さらに実在の天皇になる。それなのに神武天皇の染色体を絶やしてはいけない、と言われても困る。そうした、賢《さか》しらな科学を超えて皇室は存在する。

　また、そうした長い歴史を持つ皇室を外国の人々は羨ましく思っている。政治的な力は持たないが権威的・文化的・象徴的な存在だ。それが政治の安定にも国民の安心にもつながっている。これは日本の驚異だ。フランスやロシアは革命で王様を殺した。しかし、今、それを後悔している。アフガンやイラクは、政権が倒れた後、「じゃあ、外国に亡命している国王に戻ってもらおう」という話が出た。同じ民主主義にしても、王様がいた方が、民主主義の暴走を抑えられると思ったのだ。しかし実現しなかった。いくら命の危機があったとはいえ、国民を見捨てて国外に逃げた王様だ。その一点で信用できないのだろう。

その点、日本の天皇は逃げなかった。マッカーサーと会い、「すべての責任は自分にある。自分を罰し、臣下を助けてくれ」と言った。いや、そこまでは言わなかった、という説もある。しかし、当のマッカーサーは証言している。また「昭和天皇ならきっと言われただろう」と国民は思い、信じた。その信頼感が大事だと思う。

気の毒なヨーロッパの人々

ロシアの右翼政党といわれる自由民主党党首のジリノフスキーさんとは何度か会ったことがある。「もし、ロシア革命がなかったらどうなっていましたか」と聞いたことがある。「そしたらロシアはアメリカ以上に豊かで自由な、世界一の大国になってました」と即答した。僕は、ロシア革命なんて必要なかったと思っていたから、この言葉には意を強くした。ロマノフ王朝を倒し、王様を殺し、革命したが、その後は帝政以上の残虐なスターリンの粛清だ。これだったら王制が続いていた方がよかった。世界の変化につれ、ロシアの王制だって変わり、イギリスのようになっただろう。そうしたら豊かな精神的遺産だって残せたのに。

フランス革命についても同じことが言える。王様の首を切り革命をやったが、そのあとは粛清の嵐だ。さらにはナポレオンの帝制に戻っている。「フランス革命なんて必要なかった」という歴史見直し派もいる。当のフランス人にいる。さらに王政復活を願う人もいる。もし王政が復活したら、誰が王様になるかという王位継承の順番も決まっているという。ただし、それを願う王党派の政党はない。

今、フランスで力のある右翼政党は「国民戦線」だ。党首のルペンさんは二〇〇二年の大統領選挙で健闘し、当時のシラク大統領と決選投票にまでもつれ込んだ。書記長はゴルニッシュさんだ。この人は日本の京大に留学したこともあるし、奥さんは日本人だ。お二人には僕も何回か会っている。十三年前、国民戦線三十周年大会に招待され、木村三浩氏（一水会代表）とフランスに行ってきた。この時、フランスの「王政復古」の可能性について聞いた。

それはない、と言う。以前は王党派の人が「アクション・フランセーズ」に結集していたが、それは今はない。国民戦線の中にも、王党派は少しいるが、力はない。「それに、ブルボン王朝の本流はスペインに亡命して、スペイン人になってしまった。フランス国内に残っている人は血筋の遠い、傍流です。どっちをとるかで対立しています。まるで南北朝です」とゴルニッシュさんは言う。フランス人から南北朝の話を聞くとは思わなかった。

それに、外国人になった王様はもう国内に帰って王様になれない。そんな決まりがあるそうだ。だから、皇室のある日本は羨ましいと言っていた。

話は変わるが、この章では草壁皇子のことが書かれている。六八九年に神経を病んでしまい、結局、皇位につくことなく二十八歳で亡くなったという。こんな昔にも、神経の病気があったのか。そうした例は大正天皇が初めてだと思ったのに。じゃ草壁皇子の例があったから旧『皇室典範』には「精神の重患」という文字が入ったのか。一瞬そうとも思ったが、そんな古い記録だけで書いたわけじゃないだろう。やはり、前章で書いたように外国の例を参考にして、「最悪の場合」に備えたのだろう。

それと称徳天皇（孝謙天皇重祚）だ。女帝だ。道鏡を重用し、何と、道鏡を天皇にしようとした。「だから女帝ではダメなんだ」という論拠にされる。一般の人も「そうだよな」と思ってしまう。でも、事実は違うらしい。重用したことは事実だが、「天皇に」とは考えなかった。大体、そんな事はできるわけがない。その証拠を示している歴史学者もいる。

この「道鏡事件」は話としては面白いし、その道鏡の野望を阻止する忠臣和気清麻呂も出てくる。そして「神国日本」を証明する話にもなっている。忠臣蔵のように語りつがれたのだろう。でも、これは明治維新以降、特に強調されたのではないか。天皇は男子でなければと決められたし、軍隊を統率する天皇は雄々しく勇ましくあってほしい。女性じゃダメだ、道鏡事件だってあったし。と、この逸話は使われたのだろう。

第四章　旧『皇室典範』の成立過程

幕末の天皇と近代天皇制への道

旧『皇室典範』がどのような経緯で成立したかを考える時、幕末から明治維新にかけての天皇の変化を把握する必要があるだろう。封建的な幕藩体制である江戸時代から、いかにして天皇を中心とした近代国家が成立したのか。幕末から明治維新における天皇の存在を振りかえってみよう。

江戸時代においての天皇は、将軍を任命したり神格を付与したりするなど、幕府の権威付けに欠かせない存在であった。しかしながら、天皇は幕府が支配する国政には参加できず、国政の表舞台からは追いやられていた時代であった。

天皇や朝廷の権威は低迷していたが、それが少しずつ変化する時期がある。一七七九年に即位した一一九代光格天皇だ。光格天皇は傍系出身であったがゆえに「天皇の理想像」を追い求めた天皇であった。古代天皇制の儀式・神事の復活などの改革をすすめ、朝廷の権威は少しずつ回復していった。

それと反比例するように幕府の権威や権力は低下していった。十八世紀末、財政が悪化していた幕府は、その負担を大名に押しつけるようになった。また一般民衆の間でも一揆などの反乱が頻発していった。

幕府と朝廷の勢力が変化しつつある中で、皇位は一二〇代仁孝《にんこう》天皇、一二一代孝明《こうめい》天皇へと継承されていったが、一八五三年に近代天皇制への変革を推し進める要因となった出来事がおこった。アメリカのペリーが軍艦を率いて来航し、日本に開国を求めたのだ。この外圧を契機に西欧列強による植民地化という危惧が、日本に広がっていったのである。すでに国内の統治能力が低下していた幕府だったが、ペリー来航後の欧米列強との通商条約締結交渉において、幕府の政治能力の不足は如実に現われることになった。

ペリーが来航した時、孝明天皇は「あさゆふに　民やすかれと　思う身の　心にかかる異國の船」という御製を詠んでいる。

一八五八年に幕府がアメリカと日米通商条約を結ぶさい、条約締結に反対する勢力を封じ込めるために、事前に天皇に勅許《ちょっきょ》を求めた。幕府は簡単に勅許を得られると見込んでいたが、孝明天皇は条約締結に反対した。その理由は、伊勢神宮をはじめとする神々への畏れと、歴代天皇への不孝という皇統意識があったからという説がある。

しかし、幕府は天皇の意向に背き、勅許を得ないまま条約に調印した。孝明天皇はこれに激怒し、大名らに幕府の失政を伝える勅書を出した。この影響などにより、幕府への批判はさらに高まっていった。

これに対し、幕府の大老井伊《いい》直弼《なおすけ》は強硬な態度で朝廷をおさえ、安政の大獄では日米通商条約に反対する公家や大名などを処罰した。しかし一八六〇年、井伊直弼は水戸藩脱の志士たちに桜田門外で暗殺され、幕府の独裁は崩れてきたのである。

その後、幕府は朝廷（公）と幕府（武）の融和をはかるため、公武合体運動を進め、孝明天皇の妹和宮《かずのみや》が将軍家茂《いえもち》の夫人となることを強要したが、政略結婚を尊王攘夷論者から非難され、坂下門外では幕政の中心にあった老中安藤信正《あんどうのぶまさ》が襲われて失脚した。

薩摩藩は独自の公武合体運動を進めていたが、尊皇攘夷を主張する長州藩が主導権を握るようになった。しかし、尊王攘夷派の力が強まる朝廷では、天皇という称号の権威は高まってきたものの、孝明天皇自身の意見は通らなくなっていた。そこで天皇は、薩摩藩の島津久光《しまづひさみつ》などとともに、一八六三年八月十八日に長州藩勢力と尊皇攘夷派の公家を朝廷から追放した。これが八月十八日の政変である。

尊皇攘夷派を排除した朝廷は、朝廷内での天皇の地位こそあがったものの、幕府との関係の中での天皇の影響力は弱まり、幕府へ依存することになってしまった。

一八六四年、西欧列国は下関の砲台を攻撃。一八六五年には兵庫沖にまで艦隊を送って天皇に圧力をかけ、通商条約の改税約書の勅許を勝ち取った。これにより列国は幕府と交渉し、一八六六年、幕府は不利な改税約書に調印することになる。

朝廷・幕府それぞれの威信が失墜する中、攘夷はできないと悟った長州藩の革新派は、倒幕を目標に長州藩をまとめていった。幕府は長州藩を征討しようとしたが、開国を目指し始めていた薩摩藩が長州藩を支持し、一八六六年に薩長連合を締結。武力倒幕を決意した。

一八六七年一月三十日にあたる慶応二年十二月二十五日、孝明天皇は急死した。これは急性ヒ素中毒による毒殺説だと唱える研究もある。即位した一二二代明治天皇は幼帝だったため、岩倉具視《いわくらともみ》や薩長両藩は明治天皇をかつぎあげ、倒幕への意識が急速に高まっていた。

これに対し、土佐藩は公武合体の立場をとり、将軍慶喜に討幕派が攻めてくる前に政権の返還を勧め、一八六七年十月十四日に大政奉還した。大政奉還とは、将軍自らから政権を朝廷に返上し、倒幕派の大義名分を奪い、朝廷のもとで徳川家主導の連合政権を作ろうとする構想だった。

しかし、倒幕派には先に倒幕の密勅が発せられており、機先を制されることを恐れた倒幕派は、王政復古の大号令を発した。これは政治の担い手が、幕府から新政府へと明確に代わるという宣言だった。新政府では天皇のもとに総裁・議定・参与の三職が置かれた。

慶喜はこれに抵抗したが、討幕派は幕府に戦闘を仕掛け、一八六八年に戊辰《ぼしん》戦争が始まる。この戦争は討幕軍（新政府軍）が優位にたち、翌年五月には函館の五稜郭に立てこもった旧幕臣榎本武揚《えのもとたけあき》らの軍も降伏し、戊辰戦争は終結した。

明治維新と近代国家の建設

一八六八年、新政府は五箇条の御誓文を定めた。この条文には「近代国家の建設」という明治維新の構想が集約されている。

一．広ク会議ヲ興シ万機公論ニ決スベシ
一．上下心ヲ一ニシテ盛ニ経綸《けいりん》ヲ行フベシ
一．官武一途庶民ニ至ル迄各其志ヲ遂ゲ人心ヲシテ倦《う》マザラシメンコトヲ要ス
一．旧来ノ陋習《ろうしゅう》ヲ破リ天地ノ公道ニ基クベシ
一．知識ヲ世界ニ求メ大ニ皇基ヲ振起スベシ

五箇条の御誓文には、近代国家の建設の二つの軸である「公議」と「天皇」という概念が込められている。

「公議」とは、独裁を否定し、政治参加の拡大をはかることである。これは個人の能力を発揮できる社会をつくるという民主的なものであり、『公議世論』という新政府の政治的スローガンで世に唱えられた。

「天皇」とは、「皇基を振起」とあるように、国の主権が天皇・皇室にあることを示して

いることだ。天皇を中心にした社会というのが明治政府の理想であったのだ。

天皇中心の中央集権国家は、太政官制《だじょうかん》という中央集権の政治機構によって形となっていった。これは天皇の詔による政治である。祭政一致・天皇親政の方針で、神祇官《しんぎかん》と太政官の下に各省を置く組織となった。また、一八六九年（明治二）に版籍奉還、一八七一年（明治四）に廃藩置県を行うなど、中央集権国家体制はどんどん完成していった。

しかし、近代国家の建設を目標とする明治政府には大きな課題があった。それは江戸末期に欧米諸国とむすんだ不平等条約（安政の不平等条約）の改正である。それは、アジアに進出している欧米列強の圧力の中、日本はどのように独立を守っていくのかという目標にも繋《つな》がってくることであった。

一八七一年（明治四）、右大臣の岩倉具視を大使、大蔵卿の大久保利通《おおくぼとしみち》を副使とする使節団が、安政の不平等条約改正の下準備のために欧米各国を巡遊した。しかし、最初に訪れたアメリカで、条約改正を求める岩倉使節団はまったく相手にされなかった。それは日本が外交において主権国家として認めてもらえなかったからだ。

岩倉使節団はしかたなく欧米近代国家の政治や産業を視察して帰国し、近代国家として発展するための、日本の資本主義化の必要性を説いた。

こうして進められたのが文明開化政策であったのだが、資本主義の浸透を考えた時、欧米と日本には大きな違いがあった。

資本主義が発展するための前提となるものは、その社会において、人間は自由に仕事を選び労働に邁進《まいしん》できるという思想だ。欧米にはキリスト教が定着しており、神の前ではみな平等という意識があったため、自由に仕事を選ぶための精神が浸透していた。しかし、日本国民は武士や農民など、身分意識や階級意識に縛られており、平等の意識は浸透しなかった。

また、キリスト教の予定説によれば仕事は神によって与えられたものであり、一心不乱に労働に励むことによって自分自身が救われるとして、仕事そのものが肯定されている。しかし、日本にはキリスト教は定着していない。

このように、近代国家建設の大前提となる資本主義社会の発展には、「平等」と「労働の自己目的化」が不可欠であり、その実現のためには、キリスト教における神のような存在が必要だということに明治政府は気づきはじめた。そこで明治政府がやったことは、キリスト教における神の存在の代替物として、「天皇」を位置付けることだった。天皇を現人神として神聖化することによって、日本の近代化、資本主義化を進めようとしたのだ。

五箇条の御誓文で描かれた天皇中心の近代国家像は、欧米の近代国家を目の当たりにしたことでさらに追い求められることになったのだ。

『**日本国憲按**』

五箇条の御誓文で目指された近代的な公議政体だったが、明治の新政府は実質的には政府専制となっていった。従来の特権もなく失業状態にあった士族には不満がつのっていった。

この氏族の不満を背景に政府批判の運動を始めた板垣退助ら征韓派《せいかんは》前参議は、一八七四年（明治七）民撰議員設立の建白書を左院に提出。こうして急速に広がった自由民権運動は、国会の開設と憲法の制定という、立憲国家を設立することを求めていった。

一八八一年（明治十四）の明治十四年の政変で、一八九〇年（明治二十三）の国会開設を公約する国会開設の勅諭が発せられ、政府の憲法体系づくりが本格化することになった。

そして、一八八九年（明治二十二）に『大日本帝国憲法』（『明治憲法』）が発布され、同年に『大日本帝国憲法』と並ぶ『皇室典範』（旧『皇室典範』）が制定されるにいたった。

この『皇室典範』こそが、男系男子による継承原則を初めて確立した成文法である。第一条には「大日本国皇位ハ祖宗ノ皇統ニシテ男系ノ男子之ヲ継承ス」と記されている。

時代を少しさかのぼり、この二つの法の成立過程を見ていこう。

一八七五年（明治八）、立憲作業を進めるため、明治政府は立法機関である元老院を設置した。そして一八七六年（明治九）十月には、早くも『日本国憲按《けんあん》』第一次草案という憲法草案が出された、

『日本国憲按』第一次草案における皇位継承に関する部分をみてみよう。

第一章　皇帝
第一条　日本帝国ハ萬世一系ノ皇統ヲ以テ之ヲ治ム
第二章　帝位継承
第一条　現今統御スル皇帝ノ子孫タル可キ者以テ帝位継承ノ正統ノ裔《すえ》トシテ帝位ヲ世伝ス
第二条　継承ノ順序ハ嫡長入嗣ノ正序ニ循《したが》フ可シ。尊系ハ卑系ニ先《さきだ》チ同系ニ於テハ親ハ疎ニ先チ、同族ニ於テハ男ハ女ニ先チ同類ニ於テハ長ハ少ニ先ツ
第四条　女主入テ嗣グトキハ其夫ハ決シテ帝国ノ政治ニ干与スル事無カル可シ

驚くべきことに明治近代化の初期段階では、万世一系の原則を踏まえながらも、女性も皇位を継承できるとする案だったのだ。

ここで女性の皇位継承を可能とした理由として、西欧型の女統君主を参考にしたからという意見がある。憲法草案を作成する過程では、幕末までの歴史書を調査していったが、同時に海外各国の法も調べている。おそらくその時に参考にしたであろう『オランダ王国憲法』（一八一五年交付）の第十六条では「王の男統なきときは、王位その長女統に伝ふ」とある。

また、第一次草案の起草作業の中心人物であった元老院議長は有栖川宮家第九代の有栖川宮熾仁《たるひと》親王であった。すなわち、女性の皇位継承を認める草案を作成していたのは皇族だったのである。

女系も認めていた第一次草案だったが、一八七八年（明治十一）に出された第二次草案では、女性天皇に関する規定は削除され、男系男子による皇位継承になっている。

第二章　帝位継承

第一条　現今統御スル皇帝ノ子孫ヲ以テ帝位継承ノ正統ノ裔トシテ帝位ヲ世伝ス

第二条　継承ノ順序ハ嫡長及入嗣ノ正序ニ由リテ太子若《もし》クハ其《その》男統ノ裔《すえ》入テ嗣グ。太子男統ノ裔欠クル時ハ太子ノ弟若クハ太子ノ兄弟ノ男統ノ裔ニ伝フ。嫡出男統ノ裔欠クル時ハ庶出ノ子、長幼ノ序ニ由テ入テ嗣グ

第二条に記載されている「男統ノ裔《すえ》」とは「男系の子孫」という意味である。また、「庶出ノ子」という言葉にも注目してほしい。女系の継承を除外した代わりに、庶系による継承が採用されている。

このように女性は皇位を継承できないとした第二次草案であったが、このまま制定作業が進んだわけではない。一八八〇年（明治十三）に出された第三次草案は、ふたたび女統による皇位継承もできるとする案だったのである。第三次草案の主な条文をみてみよう。

第二章　帝位継承

第一条　今上皇帝ノ子孫ヲ帝位継承ノ正統トス

第二条　帝位ヲ継承スル者ハ嫡長ヲ以テ正トス。若シ太子在ラザルトキハ太子男統ノ裔嗣グ。太子男統ノ裔在ラザルトキハ太子ノ弟若クハ其男統ノ裔嗣グ。嫡出男統ノ裔渾テ在ラザルトキハ庶出ノ子及其男統ノ裔親疎ノ序《ついで》ニ由リ入テ嗣グ

第三条　上ノ定ムル所ニ依リ而シテ猶《なお》未タ帝位ヲ継承スル者ヲ得ザルトキハ皇族親疎ノ序ニ由リ入テ大位ヲ嗣グ。若シ止ム事ヲ得ザルトキハ女統入テ嗣ク事ヲ得

このように皇位の継承者として、摘出男子孫だけでなく、庶出子孫やそれ以外の皇族男子、そして女統までをも認めているのだ。

しかし、元老院内部や岩倉具視などからこの第三条に異論がでた。その理由として、女系の定義に民間に嫁いだ女性皇族の子も含んでいたことが挙げられる。民間に嫁いだ女性皇族の子はもちろん皇族ではなくなっている。皇族ではない者が皇位を継いで天皇に即位することに対して反対する意見が強まり、公式に採択されなかた。その後、憲法起草の主導権は政府に移っていくことになる。

嚶鳴社「女帝を立つるの可否」

一八七九年（明治十二）八月三十一日、明治天皇の側室である柳原愛子《なるこ》が男子を出産した。その子が明宮嘉仁親王《はるのみやよしひと》、後の大正天皇である。これにより明治天皇の男子継承者が確保されたが、一八八〇年代初期にも女帝論議が活発になされていた。その代表的な議論が、自由民権結社である嚶鳴社《おうめいしゃ》による「女帝を立るの可否」である。これは女性天皇を可能にすることの是非について討論したもので、一八八二年（明治十五）一月、東京横浜毎日新聞に掲載された。

女性天皇肯定派の主張の根拠としては、まず日本の先例を挙げている。日本の皇位継承の歴史には、推古天皇をはじめとし八人十代の女性天皇が存在する。過去に女性が即位した伝統があるのだから、先例にならって女性天皇を認めてもいいのではないかというものである。

ほかの根拠としては、明治政府は西欧を目標に近代国家を成立しようとしているが、西欧には女性が即位する例があることを挙げている。イギリスには男子のみの王位継承法であるサリック・ローがありながらも、男統が絶えれば女性に継承させることによって、血統を途絶えないようにしている。

さらに、性差別的な意識が根拠にある意見ではあるが、女性天皇否定論者は天皇の国事をこなすことは男性でなければ難しく、女性は国事をこなすことができないと主張しているが、日本が立憲国になった時は平凡な君主でもこなせるようになるのだから、女性天皇でもいいのではないかという意見もあった。

これらの女性天皇肯定派の主張に対して、発議者である島田三郎の女帝否定論が有名である。彼の代表的な主張をまとめると、以下のようになる。

第一に、日本史上における過去の女帝は、明正天皇を除き、男統の男子が皇位につくまでの中継ぎ的な即位に過ぎなかったということを挙げている。島田の女帝についての認識は、この時代の有識者の間で共有されていた認識であるといわれている。

第二に、女性が皇位についた場合の、皇婿《こうせい》（女性天皇の夫）の問題を挙げている。これは政治的な野心をもったものが女性天皇の夫となった場合の危険性を問うものである。また、島田は、西欧の王室は国境を越えて連係している王家間で通婚する慣習はあるが、日本の女性天皇に西欧の慣習をあてはめると問題が生じてくると主張する。たとえば、皇子の奉ずる宗教において争いが生ずる可能性があるし、外国の王族を迎えた場合、その国の勢力が日本に影響してくる可能性もあるので、西欧を模倣して女性天皇を認めるべきではないとしている。これらの島田の主張は、現在の女性天皇論議においても参考となる意見であるだろう。

宮内省立案第一稿『皇室制規』

『国憲』の草案である『日本国憲按』は退けられてしまったが、伊藤博文など政治の新興勢力が一八八二年（明治十五）から一八八三年（明治十六）にかけてヨーロッパの憲法の調査をして帰国した。伊藤博文らは、皇室内の典範を、憲法立案作業と平行しながらも、別々に作成する方針をとった。

こうして一八八六年（明治十九）に宮内庁立案第一稿である『皇室制規』が起草され

た。これは、宮内省の制度取調局によって作成されたもので、シュタインの『帝室家憲』などを参考にしている。

この『皇室制規』は、女性・女系による皇位継承もできるとする案であった。

皇位継承ノ事

第一　皇位ハ男系ヲ以テ継承スルモノトス。若シ皇族中男系絶ユルトキハ皇族中女系ヲ以テ継承ス。男女系各嫡ヲ先キニシ庶ヲ後ニシ嫡庶各長幼ノ序ニ従フベシ

第六　皇族中男系尽ク絶ユルトキハ皇女ニ伝ヘ皇女ナキトキハ皇族中他ノ女系ニ伝フル事第三第四第五条ノ例ニ拠ルベシ

第七　皇女若クハ皇統ノ女系ニシテ皇位継承ノトキハ其皇子ニ伝ヘ若シ皇子ナキハ其皇女ニ伝フ。皇女ナキトキハ皇族中他ノ女系ニ伝フル事第三第四第五ノ例ニ拠ルベシ

丁年及結婚ノ事

第十三　女帝ノ夫ハ皇胤ニシテ臣籍ニ入リタル者ノ内皇統ニ近キ者ヲ迎フベシ

「皇位継承ノ事　第二」では、まず最初に男系主義をとっているが、補完的に女系を容認し、最後に庶子を容認しているのだ。

これまで見てきた『日本国憲按』の第一次・第二次・第三次草案と、『皇室制規』という四つの草案の中では、第二次『日本国憲按』を除く三つの草案は、どれも女系を容認していることになる。

第三次『日本国憲按』の女系容認が反発を招いたにもかかわらず、なぜその後の『皇室制規』でも女系容認の条項が入れられたのだろうか。

『皇室制規』では、女性天皇の夫は皇族の血縁者に限るとしており、『日本国憲按』で非難された「民間に嫁いだ女性天皇の子が即位する可能性」はなくなっている。よって『日本国憲按』よりも精緻な草案であるといえる。しかし、それだけで女系・女性による継承を認めている理由にはなりにくい。

さまざまな議論はあるが、基本的に女系による継承は、男系継承の補完装置としての役割を持っている。そして、その補完装置には、庶子による継承を認めるという方法もある。この草案段階においては、「女系による継承」と「庶子による継承」のどちらを男系継承の補完装置とするべきか、まだ絞り込むのが難しい段階だったので、とりあえず両方を取り入れ、これから議論を深めていこうという意図があったともいわれている。

井上毅による女性天皇否定意見

旧『皇室典範』の成立に欠かせない人物として井上毅《いのうえこわし》がいる。

井上は一八七一年（明治四）に司法省に入省し、渡欧して各国の司法制度の調査にあたるなどしていたが、やがてその才能が大久保利通に認められるにいたった。一八七六年（明治九）、右大臣岩倉具視ら政府に対し、立憲制の中で天皇の存在をしっかりととらえなおした意見を提出。これに感激した岩倉は、井上を憲法顧問にしている。こうして井上は、岩倉のほか伊藤博文らの信任も得て彼らのブレーン的存在となった。大日本帝国憲法や教育勅語の起草にも深く関わっている。

明治十四年の政変の際に岩倉が上奏した『大綱領』は井上が起草したものである。ここでは、日本における憲法は欽定憲法の体裁を用いるべきであり、帝室の継嗣法は祖宗以来の違範に依るべきだとしている。井上毅は宮内省第一立案である『皇室制規』ができたころは、宮内省図書頭の地位にあり、具体的な立法作業には関わっていなかったが、旧『皇室典範』の一連の起草作業は、井上が描いたイメージを根幹にして始まっている。

宮内省が作成した『皇室制規』に目を通した井上は「謹具意見」という形で意見を提出した。そこでは、きわめて強い調子で女帝容認案を非難しており、この策をとるべきではないと主張したのだった。

井上は「謹具意見」の最初に、先に紹介した嚶鳴社の「女帝を立つるの可否」から島田三郎と沼間守一の発言を全文援用して、民権論者の女帝批判の代表的意見を提示する。それに続いて、井上は女帝否定の意見を述べている。その要点を挙げると、まず、過去の女性天皇は中継ぎにすぎず慣例とは言えないことを主張している。また、女性天皇を認めれば皇婿を迎えることになるが、その間に生れた皇子が即位した場合、皇婿の姓を名乗ることになり皇統の姓を変えることになるので、それは認めるべきではないと主張している。

西洋の状況を詳しく理解している井上は、ここでイギリス王室の例を挙げている。イギリス王家はプランタジネット家、チューダー家、スチュアルド家、ブランスウィック家と、夫の姓によって王家の名称を変えている。しかし、このヨーロッパの王家の例に安易に模倣するべきではないと述べている。

この井上の意見は、伊藤博文が修訂した宮内省立案第二稿『帝室典則』に反映されることになった。

井上毅

宮内省立案第二稿『帝室典則』以降

一八八六年（明治十九）年、宮内省が立案した第二稿である『帝室典則』が完成した。ここでは、皇位継承を男系・男子主義を貫き、皇位継承者が不在の時は庶子を皇嗣にすることを認めている。ポイントとなる条文をみてみよう。

皇位継承ノ事
第一　皇位ハ皇子ニ伝フベシ
第六　凡《およそ》皇位ノ継承ハ嫡ヲ先ニシ庶ヲ後ニス。嫡中ノ順次ハ長幼ノ順ニ従フ。庶モ亦《また》同ジ
第八　庶出ノ皇子皇女ハ降誕直チニ皇后ノ養子トナス

このように、庶子容認策をとるとともに、女性天皇が成立する余地はまったくなくなっている。これ以降の旧『皇室典範』案は、女性は皇位を継承できないとするものになった。旧『皇室典範』の立案作業の初期は、庶子と女性天皇の両方を認める案だったが、結果的にここで女性天皇を認める条文は削除され、男系男子による皇位継承が確定したのだ。

『帝室典則』の後、宮内省による立案作業は第三稿の作成、そして修正案へとまとめられていった。しかし、宮内庁による立案作業は立ち消えとなり、帝室制度取調局総裁で古典

1889年2月11日、『大日本帝国憲法』発布の式典が行なわれたが、旧『皇室典範』は非公式に発表された

にも外国法にも詳しい柳原前光が作成を引き継ぎ、伊藤博文や井上毅らとともに作成していくことになった。

柳原前光はまず『帝室法則要綱』を作成し、一八八七年（明治二十）一月には『皇室法初稿』を起草するが、同年三月、伊藤博文の命により井上毅はこれを大幅に修正し、『皇室典範案』を作成。これを柳原が修訂した『皇室典範再稿』に井上は率直に意見を述べ、『皇室典範草案』が完成する。井上はこれにも最終的な補訂を加えた。

『皇室典範草案』には、次のように男系男子による継承がしっかりと記載されている。

第一条　大日本国皇位ハ祖宗ノ皇統ヲ承ケ男系ノ男子之ヲ継承ス

これらの作成過程において、井上毅の影響力は大きく、女性天皇を認めるべきではないという意見は草案の中につねに盛り込まれてきたのである。こうして政府が作成した最終草案『枢密院御諮詢案皇室典範』は枢密院に提出された。

最終草案の皇位継承に関する条文はほとんど変更されることなく枢密院の諮詢を通過し、天皇の裁可を経て一八八九年（明治二十二）に旧『皇室典範』は制定されたのである。旧『皇室典範』は『大日本帝国憲法』と同年に制定されたが、『大日本帝国憲法』が欽定憲法として公布されたのに対し、旧『皇室典範』は家法として扱われていたため公布（官報掲載）はされず、非公式に新聞に発表された。

旧『皇室典範』の特徴

こうして成立した旧『皇室典範』だが、その特徴と、制定にいたるまでの議論のポイントをあらためてまとめてみよう。

旧『皇室典範』の成立によって、それまで不文法・慣習法であった皇位継承が成文法となった。これにより、皇位継承のルールがその次代の天皇の意思などによらず、制度上明確になったことが重要だ。

旧『皇室典範』の成立過程では、これまで見てきたように女性天皇を認める案もあったものの、最終的には皇位継承資格を男系男子に限るとしている。

男系男子の継承については、は『大日本帝国憲法』と旧『皇室典範』の両方の条文で確認することができる。『大日本帝国憲法』では「第一条　大日本帝国ハ万世一系ノ天皇之ヲ統治ス」、「第二条　皇位ハ皇室典範ノ定ムル所ニ依リ皇男子孫之ヲ継承ス」とあり、旧『皇室典範』では、「第一条　大日本国皇位ハ祖宗ノ皇統ニシテ男系ノ男子之ヲ継承ス」とある。

皇位継承資格を男系男子に限るまでには、女性天皇容認派と否認派でさまざまな論点から議論された。その論点を五つに絞ると次のようになる。

第一に、男性尊重の国民感情や社会慣習の存在である。男女平等思想が浸透している現在の日本では違和感があるが、当時の日本には男性尊重の国民感情や慣習が存在しており、女性天皇に配偶者がある場合、天皇の尊厳を傷つけるという国民感情があったといわれている。また、相続の形態も男子を優先することが一般的であり、「皇統は男統に存する」という認識があった。これに対して、女性天皇容認派の意見としては、男性尊重の国民感情や社会慣習があるとしても、それは一般国民間のことであり皇室は別であるし、男性を女性よりも尊重する旧慣はとるべきではないという主張があった。

第二に、日本の歴史における八人十代の女性天皇の存在である。女性天皇容認派は、過去に女性天皇の先例があったことを主張の根拠にする。しかし、女性天皇否認派は、歴史上の女性天皇は臨時か中継ぎとして即位したものであり、先例にならないため、女性天皇はそれまでの日本の歴史や伝統に沿わないと主張する。また、歴史上の女性天皇はその在位中に配偶者はなかったが、もし女性が皇位を継承するとしても独身を強いることは不適当である。さらに女性天皇の皇子は女性天皇の夫の姓を継ぐものであるから皇統が他に移り、伝統に反すると主張した。

第三に、政治的権能の問題である。女性天皇否認派は、配偶者が女性天皇を通し政治に干渉するおそれがあると主張。さらに、当時の女性が参政権を有しないのにもかかわらず、政権の最高の地位に女性が就くことの矛盾も指摘した。それに対し、女性天皇容認派は、立憲体制のもとでは憲法によって天皇の力は制限されるので、女性天皇の配偶者によって政治的に干渉されたりする心配はないし、女性天皇ではこなすことができないのではと心配されている国事も、過度に大きい責務を負うわけではないので問題ないと主張していた。

第四に、皇位継承者の確保についてである。女性天皇容認派は、男統が途絶えた場合、女統を可能にしておかないと皇統が途絶えるおそれがあることを指摘していた。これに対し、女性天皇否認派は、女性の皇位継承を可能としなくても、庶子による皇位継承を可能にするなど、皇位継承者確保の方法は別にあり、問題ないとしていた。

第五に、諸外国の皇位継承制度の例である。女性天皇容認派は、欧州などの女王の例をあげて女性天皇を認める根拠としていた。しかし、女性天皇否認派は、皇位継承については、伝統や文化が異なるのだから欧州の真似をすべきではないし、欧州でも女性に王位継承資格を認めない国があると主張した。

以上のように、皇位継承者を男子に限るとするまで、さまざまな議論がなされたが、最終的には女性天皇の可能性は削除されたのである。

そのほかにも旧『皇室典範』の特徴はある。

皇位継承順序を制度上明確にし、直系優先・長系優先・近親優先・嫡系優先としたことである。これは、これまでの皇室の歴史と伝統を尊重したことにより導きだされた優先順位である。なお、当時の諸外国の王室制度の調査によると、王位の継承は直系・長系優先という点においておおよそ共通している。

皇族の範囲については、旧『皇室典範』制定時は、制度上限定しないとした。当時の議論では、今後、皇族が増加した場合、皇族への支給が充分行き届かず、皇族に体面上の問題が生ずることが予測されるので、皇族の範囲を限定したほうがいいという意見があった。皇族の範囲の制限はないとした理由としては、皇族の範囲を四世までに限定した桓武天皇の時代以降にも、五世以下に姓を賜い臣下に列することとした例があったし、桓武天皇の時代以前には、五世の孫が皇位を継承した継体天皇の例もあるので、裔孫《えいそん》に至るまで皇族であるべきという意見があった。また、臣籍降下の制度を認めると、一旦臣籍降下した後に皇族に復し践祚した宇多天皇のように臣下にあった者が皇位に就くという矛盾が生じることなどがある。しかし、その後、一九〇七年（明治四十）の『皇室典範』増補により、臣籍降下が制度化され、王については、勅旨または願い出により皇族の身分を離れることが可能となった。

庶子を皇族としたことの理由は、皇統を維持するためにはやむを得ないとしている。養子をすることができないとしたことの理由としては、第一に、養子は中世以降のものであり、古来からの伝統ではないこと、第二に、皇族以外の者の養子は皇統の純粋さを失わせること、第三に、皇族の養子は皇統が乱れる原因となることが挙げられている。

天皇・皇族以外の者と婚姻した皇族女子は皇籍を離脱することとしたが、理由としては、結局、皇位継承を男系に限ったことにその根源があるとしている。

■鈴木邦男の視点■『皇室典範』——不敬なるもの

関容子の『中村勘三郎　楽屋ばなし』（文春文庫）に興味深い話が出ている。（十七代）中村勘三郎は嫡子ではない。お妾さんの子だ。それが理由で子供の時から、いじめられ差別された。学校でもからかわれた。そうしたら六代目の菊五郎が、なぐさめて言った。「そんなことで卑屈になってはいけない。おれも同じ境遇だ。そういう人間のほうが伸びるんだ」と。さらに、声をひそめてこう言った。「実は、今の天皇陛下（大正天皇）だって側室の子だ」。

これは凄い励ましかただ。勘三郎だっていっぺんに元気を取り戻した。当時は今と違い、お妾さんを持つのが必ずしも悪いとは思われてない。「男は妾を養う位の甲斐性を持たなくては！」と言われもした。今とは時代が違うし、ものの考え方が違う。それでも勘三郎は、「やーい！　メカケの子」と言っていじめられた。生まれた本人には何の罪もないのに。理不尽な話だ。歌舞伎界ではそういう子供は少なくなかったはずなのに。それに天皇さまだって側室の子だ。だったら、「非嫡出児保護法」でも作ったらよかったのに。「メカケの子」と言っていじめたら、それだけで逮捕だ。だって、天皇を侮辱するのと同じだ。「不敬罪」で捕まえたっていい。

でも、大っぴらには言えなかったのか。それでも国民のほとんどが、天皇さまは側室の子だ、と知っていた。また、「メカケの子」といじめられた子供には、「実は天皇様も…」と教えて慰めるオジさんたちがいたのだろう。とすれば、大正天皇は全国のいじめられ、差別されている子供たちの救いの神だったんだろう。

大正天皇だけではない。明治天皇も側室の子だった。実を言うと、歴代の一二五代の天皇の半分以上は側室の子供なのだ。つまり、側室制度が天皇制を支えてきたのだ。天皇制が日本の文化ならば、側室制も日本の文化かもしれない（ちなみに徳川政権十五代の将軍のうち、何と十三人が側室の子だ）。しかし、昭和天皇の時代に側室は廃止された。時代背景からして、これは当然だと思う。しかし、本当はこの時から「皇位継承の危機」は始まったのだ。

さらに、GHQの強制もあって、十一宮家が臣籍降下した。皇族の身分を離れて民間人になったのだ。会社の役員や、財団の理事になった人もいる。仕事を起こして成功した人もいるし、失敗した人もいる。金をだましとられた人もいるし、女で失敗した人もいる。宗教に走った人もいる。皇族だった人たちが本当に普通の人になり、普通の人の自由を味わい、普通の人の惨めさや苦しさも味わった。

それから七十年だ。今頃になって、旧宮家の人々を再び皇族に戻そうという声がある。皇室には男の子がいないからだ。旧宮家にはまだまだ男の子がいる。その中から養子にとったらどうか、と言うのだ。そんなことなら、七十年前に臣籍降下させなければよかったんだ。いくらＧＨＱの干渉があったって。いくらお金がかかったって、皇族に留めておけばよかった。そうしたら今のような問題はなかった。

側室に支えられてきた皇室

可能ならば、いっそのこと、側室もあり皇族もたくさんおられる、そんな七十年前に戻ってしまえばいい。そうしたら皇位継承には何の問題もない。万々歳だ。事実、現在でも、側室の復活を言う人がいる。しかし皇太子さまは絶対に受け付けないだろう。「そこまでして皇室を続ける必要があるのか。天皇になるのをやめる」と言われるだろう。昭和天皇だって、こんな時代遅れで反道徳的なものは早く廃止すべきだと思ったのだ。

しかし、不思議だ。七十年前、皇族を臣籍降下し、側室をやめ、それでも皇位継承は大丈夫だと思ったのだろうか。昭和天皇や宮内庁、政府の人々は前途に不安を持たなかったのだろうか。それまでは側室があったから皇室は安泰だったと言ったが、ちょっと違う。側室があっても必ずしも男の子が生まれるわけではない。皇族もたくさんいた。それでも皇位継承がスムーズにいかなかったケースがある。かなりある。だから、やむをえず血筋としてはかなり遠いところから継承者を探したりもした。

側室があり皇族が多くてもそうだったのだ。戦後の皇室改革では、皇位継承の受け皿がグンと小さくなった。それでも「危機感」は持たなかった。現『皇室典範』を作る時も、あまり女帝論議はしていない。明治時代に、旧『皇室典範』を作る時の方が、真剣に女帝論議をしている。側室はあるのに、さらに「受け皿」を大きくしようと、論議しているのだ。この差はなんだろうか。

歴史学者の安丸良夫氏（故人）は『朝日新聞』（二〇〇五年二月十五日付夕刊）の「女帝・議論のために」で、こう書いている。いわば、謎解きをしている。

「新しい憲法が制定され、それにあわせて皇室典範が改訂された時、皇統は複雑な側室制度に支えられて辛うじて維持されてきたものだということは、どうやらほとんど顧みられなかったように思われる。その理由はおそらく新皇室典範の制定時には、昭和天皇には三人の弟と二人の男子があって、継承断絶への不安が現実的なものではなかったからであろう」

なるほど、と思った。新しい時代になっても皇室は大丈夫だと思った。側室がなくなり、皇族が少なくなっても、でも昭和天皇には三人の弟と二人の男子がある。皇室の将来は明るいと思った。しかし、その楽観が間違っていたのだ。安丸はこうも言う。

「しかし、長い皇室制度の歴史からすれば、皇后ないし皇太子妃がこれほど多くの男子を生むというのは、まったく例外的なことだった。大正・昭和の両天皇が若くて健康的な配偶者を得て、衛生状態も画期的に改善されたためにそうした事態となったのであって、すこし長い目で見れば、それはむしろ歴史上の僥倖《ぎょうこう》といってよいほどの現象だった」

男の子が続けて何人も生まれることの方が「例外的」で「僥倖」だったという。でも、七十年前に、危機感をもってそこまで考えた人はいない。「三人の弟と二人の男子」という現実の前には、将来の不安なんてなかったのだ。それと、僕が思うには、ここにも神国思想というか、神風思想があったのではないだろうか。

「日本は神国だから敗けない。神風が吹いて守ってくれる」という思想が潜在意識にあって日清・日露戦争に勝利した。しかし大東亜戦争ではそれが裏目に出た。同じことが皇位継承にもあったのではないか。戦争に負けたのに神風思想なんて変かもしれないが、敗戦以降の方が、神風思想は強固になった。

明治天皇には四人の皇子と六人の皇女がいたが、八人までが世を去り、結婚後十一年目に生まれた皇子が大正天皇となる。大正天皇が結婚して一年後に皇子が生まれた。昭和天皇だ。だが、昭和天皇にはなかなか男子が生まれず、周りは心配した。しかし、結婚九年目に生まれた。現在の天皇だ。この時に皇太子誕生を祝う歌もできた。現天皇は結婚一年目で浩宮さまが生まれ、六年目に礼宮さまが生まれた。「神風」だと思った。戦争に敗けたが、皇室は残ったし、こうして皇位も継承されてゆく。やはり神国だと思ったのだ。

何も、当時の人々を責めようと思って言っているのではない。それだけ、天皇を信じる気持ちが強かったのだ。尊皇心が強かったのだ。僕だってその時にいたら、同じことを考え、皇室は将来にわたって万々歳だと思っただろう。そういう明るい将来が見えてる時に、「でも、いつまでもこの幸せは続かない」なんて言い出せる人はいない。「最悪の場合」を想定して対抗策を考えるべきだ、なんて言えない。皆、いい子でいたいからだ。

それに比べたら、明治の政治家たちは凄い。これでもか、これでもかと予防策、防衛策を考えている。「不敬だ」と思われても構わない。そんな覚悟があったのだろう。また、今とは違い、国家の大事なことを少人数で決められた。また、それを公開しないこともできた。実際、旧『皇室典範』は家法として扱われたため、公布はされなかった。

公布されていたら大問題になっていただろう。第二章で見たように、「精神の重患」の規定がある。また、皇位継承の順序を決めたのだ。臣下の側が、「この順序で天皇になれ」「こんな時には天皇になれない」と決めて、押し付けたのだ。考えようによっては、これほど不敬な話はない。明治維新の前までは、皇位継承は慣習法的な不文法だった。皇室に関しては、七五七年に施行された大まかな『養老令』があるくらいだった。

次に誰を天皇にするかは、天皇が決めていた。いわば天皇大権だ。また、自由に退位や譲位ができた。そして上皇になったり法皇になったりすることもできた。天皇である間は、好きに出歩いたり、人に会うこともできない。それが嫌で位を譲り、上皇になって好きなことをした天皇もいる。

外国の眼を意識した旧『皇室典範』

しかし、旧『皇室典範』ではそうした自由をすべて禁じた。外国の眼を意識したのだろう。天皇に自由勝手にやられては徳川時代の将軍と同じになる。今までは将軍の陰にあって目立たないから何をしてもよかった。でも、これから日本は国際舞台に躍り出る。天皇は日本の「顔」として表に出る。その時に、将軍のようなイメージではまずい。そう思ったのだろう。また、フランスやロシアのような絶対君主ではない。そう思わせたかった。日本は立憲君主国であり、天皇といえども法の下にある。皇位継承の順序だって、法律でキチンと決めている。また、精神的、肉体的に重い病がある時は天皇にしない。さらに、生前は勝手に退位・譲位させせない。

それをもって、日本は「ほら、これだけ民主的な国になったんですよ」と西欧列強にアピールしたのだ。敗戦後、現『皇室典範』ができたが、これは旧とほとんど同じだ。憲法はあんなに変わったのに、何故、ＧＨＱはこれを認めたのだろう、と疑問だった。『皇室典範』をもっと大胆に変えようとはしなかったのか。でも、今になるとわかる。変える必要などなかったのだ。それだけ旧『皇室典範』が民主的で革命的なものだったからだ。変わったのは側室がなくなったことぐらいだ。

今の憲法は明治憲法を「改正」したことになっている。しかし、内容的にはまったく別物だ。連続性もない。ただ、天皇制だけは残した。『皇室典範』は旧『皇室典範』を改正したものだ。また、その通りに、連続性はある。ほとんど直しはない。

それほどに、明治の旧『皇室典範』は立憲的、急進的だったのだ。ＧＨＱだって、「これは直す所はない」と思ったのだ。それだけ、天皇の自由を制限し、がんじがらめに縛っていた。ある意味では徳川時代の「禁中並公家諸法度」のようなものだ。天皇や公家には、こんなことをしてはいけない、あれもダメだ、贅沢をするな、と口喧《やかま》しく干渉し、押しつけた。あの法度に似てるかもしれない。

何度も言うように、旧『皇室典範』は外国の眼を意識した「背伸び」だった。西欧列強に追いつき、追い越す。富国強兵で強い国になる。戦争もやらなくてはいけない。そんな「男らしい」国にする。そう思っていたから、男子天皇が必要だった。また、遅れた国と侮られてはならない。天皇が好き勝手にやる国ではない。立憲君主国として、西欧と同じ国になるんだ。そういう意気込みがあったのだ。「国際社会において、名誉ある地位を占めたいと思ふ」というのは現憲法の前文にある言葉だが、このいじらしいまでの決意は、むしろ明治の旧『皇室典範』を作った時にこそ言える。

でも、今は明治時代とは違う。「背伸び」をしなくてもいい。国際社会には認知されている。天皇が将軍のような権力をもった存在だと誤解する人はいない。外国の目を意識して、天皇の自由を制限することもない。自由にしてもらったらいい。さらに、次の天皇は誰にするかは天皇のご意志に任せたらいい。生前の退位・譲位も認めたらいい。かつては政治的にそれが利用された。幕府が退位を迫ったり、あるいは天皇の側がそれを逆手に取って、上皇や法皇になって「院政」を敷いたり…と。しかし今は、政治的な存在ではない。政府と闘うこともない。だったら、自由にしてもらっていい。

また、元号だって天皇の自由にしたらいい。昔は、喜びごとがあったり、あるいは飢饉などの災害があった時、人心を一新させるために元号を変えた。明治以降は、一世一元になった。昭和になり、一九七九年（昭和五十四）、それが「元号法」で法律的に決められた。近代国家なんだから、ころころと元号を変えては不便だし、外国にも示しがつかない。そう思ってのことだろう。しかし今は、外国用には西暦だけだ。また、国内だって一般的にほとんどが西暦だ。元号はしだいに、文化的なものになってきた。だったら、いっそ、この元号を変える権限も天皇に戻したらどうだろうか。

第五章　現『皇室典範』の成立過程

GHQによる憲法改正草案

前章では明治期に制定された旧『皇室典範』を見てきたが、この章では、現在施行されている『皇室典範』(現『皇室典範』)を取り上げる。現『皇室典範』は旧『皇室典範』が改正されたものである。

現『皇室典範』は五章三七条からなる皇室制度を定めた基本法で、一九四七年(昭和二十二)一月に公布された。皇位継承についてだけでなく、皇族の身分から、皇室会議の仕組み・権限など、天皇と皇族に関する諸事項を規定している。旧『皇室典範』に比べると、内容は簡略化されている。

重要な点は、条文が改正されたことだけではない。旧『皇室典範』は当時の日本の最高法規である『大日本帝国憲法』と同格の欽定法であり、議会に議決権はなかった。しかし、現『皇室典範』は旧典範とは異なり、国会での審議を経て改正できる一般法となったのだ。

この現『皇室典範』が作成されるまでの過程と、作成当時の女性天皇の可否は、どのようなものだったのか。それをこの章で見ていきたい。

一八八九年(明治二十二)に制定された旧『皇室典範』だったが、戦後、GHQ(連合国軍総司令部)の要請により憲法とともに改正を余儀なくされることになる。

第二次世界大戦後、GHQは日本を占領統治したが、天皇やその側近たちは、終戦直後、憲法や『皇室典範』の改正をGHQに求められることを予期していたようで、一九四五年（昭和二十）十月には憲法問題調査委員会を設置。委員長には松本烝治《じょうじ》国務大臣が就任した。一九四六年（昭和二十一）一月、『憲法改正要綱』（松本試案）が作成された。

日本政府は、二月八日に『憲法改正要綱』と『説明書』をGHQに提出した。これは『大日本帝国憲法』を少し手直ししたていどのものだった。修正箇所は、たとえば「第三条ニ『天皇ハ神聖ニシテ侵スヘカラス』トアルヲ『天皇ハ至尊ニシテ侵スヘカラス』ト改ムルコト」というものなどがあったが、「天皇が統治権を総攬する」という『大日本帝国憲法』の根幹原則（国体）に修正を加えない保守的なものであった。

GHQは『憲法改正要綱』を一時的に受け取るにとどまり、明確な返答はしなかった。実はその時、すでにGHQは自ら起草作業を始めていたのである。

『憲法改正要綱』がGHQに提出される直前の一九四六年（昭和二十一）二月三日、マッカーサーは憲法改正の必要条件として三原則を提示し、民政局に憲法改正案の作成を指示。民政局はすぐにGHQ草案（マッカーサー草案）の起草作業を開始した。

二月十三日、GHQは『憲法改正要綱』を不満とし、受け取りを正式に拒否。同時にGHQ草案を日本政府の吉田茂外相、松本らに手渡した。

このGHQ草案の内容は日本政府、特に松本にとっては驚きの進歩的な内容だった。GHQ憲法草案の第二条で、「皇位は世襲のものであり、国会の制定する皇室法（Imperial House Law）に従って継承される」と記されていた。これは『皇室典範』の性格を根本的に変えるものだったからだ。

日本政府側は「典範制定は皇室の自律権である」と抵抗したが、GHQはまったく受け入れなかった。『日本国憲法』第二条をみると「皇位は、世襲のものであって、国会の議決した皇室典範の定めるところにより、これを継承する」となっており、この時、GHQが『皇室典範』を国会の議決によって定められる一般法にすることにこだわったことがうかがえる。そこには「国民主権を形だけのものにしたくない」というGHQの考えがあったようだ。

こうして二月二十二日に日本政府は閣議でGHQ草案の受け入れを決定し、三月六日にはGHQ草案を下敷きにしたマッカーサーも納得する新憲法の草案である『憲法改正草案要項』を発表。ここでは、「第二　皇位ハ国会ノ議決ヲ経タル皇室典範ノ定ムル所ニ依リ世襲シテ之ヲ継承スルコト」という表現となった。

三月十二日には、閣議決定で臨時法制調査会を発足した。その後、「皇室及び内閣関係法律の要綱の立案」は第一部会が担当することが決定。部会長は国務大臣金森徳次郎、委員は元宮内大臣関谷貞三郎以下二十五人で、いよいよ新しい『皇室典範』（現『皇室典範』）の立案作業に入ったのである。

起草作業における女性天皇議論

一九四六年（昭和二十一）四月十七日、政府は『大日本帝国憲法』の憲法改正手続きに従って『憲法改正草案』を発表し、枢密院に諮詢《しじゅん》した。ここでは、皇位の地位と主権の所在や、特別法から一般法への変化などについて議論された。枢密院を通過し、案件は六月二十日に開会された第九十回帝国議会に移されたが、この段階では政府はまだ皇位継承に関する立案作業には入っていない。

具体的な立案作業は臨時法制調査会の第一部会で進められていった。ここでは、一般法とは異なる手続きをとることはできないのかという点、皇位継承者の範囲に皇族女子を入れるかどうかという点、天皇の退位規定をおくかどうかという点、皇族の範囲を限定すべきかどうかという点、庶子を皇位継承範囲に含めるかどうかという点、皇室会議の構成などについて議論された。

とくに注目したい論点は、内親王と女王に皇位継承資格を認めるかどうか、認めるとすれば継承順位はどうするのか、配偶者のない者に限るのかどうかについてである。

ここで特徴的なのは、男女平等を定めた新憲法の十四条との関係で、女性天皇を論じ始めていることである。

慎重論の荻原徹（外務省条約局長）は、天皇などの特殊な人に関する問題であるから、新憲法の中に男女同権の規定があるからといって女帝を認めるべきではないと主張した。

女性天皇容認派の杉村章三郎（公法学者）は、皇位継承順位は皇男子族を優先としながらも、配偶者なき内親王および女王にも継承資格を認めることを主張している。

宮内省の松平慶民大臣は、皇位の世襲についての草案第二条が新憲法の男女平等の例外をなしているので、皇統を男系に限っても憲法違反とは言い得ないという立場をとった。さらに、旧『皇室典範』を見ても男系男子の世襲は伝統的歴史的観念であり、女系は皇位の世襲の観念の中に含まれておらず、女系を否定して女帝を認めることは皇位の不安定を意味すると述べている。

この宮内省の見解はその後も貫かれることになり、『皇室典範改正法案（要綱）』では、皇位継承について「皇位は、皇統に属する男系の嫡出男子が、これを継承することとし、女系及び庶出は、これを認めない」と記している。

この『皇室典範改正法案（要綱）』は十月に臨時法制調査会で議決され、十月二十六日には内閣総理大臣に提出された。そして、十二月五日から始まる、第九十一回帝国会議に提出されることになる。

「皇室典範案に関する想定問答集」

現『皇室典範』が制定にむかって歩み始めるなか、法制局は、第九十一回帝国議会の開会前の一九四六年（昭和二十一）十一月上旬頃、『皇室典範案に関する想定問答』を作成した。

これはタイトルが示すとおり、皇室典範案に関して想定する質問を挙げ、それに返答するかたちで構成されているものだ。そこには百三十もの想定問答が掲載されており、当時の起草作業の中でどのような点に問題意識があったのかを知ることができる。

すべての想定問答を掲載する余裕はないが、本書の論点である女性天皇に関する二つの想定問答（問一三、問一四）をここで採り上げてみたい。

問一三　女系及び女天皇を認めない理由如何。

答一三　皇統は男系に依り統一することが適当である。我が国多年の成法も亦然りである。女系が問題になるのは、その系統の始祖たる皇族女子に皇族にあらざる配偶者が入夫として存在しその間に子孫がある場合であって、此の場合、女系の子孫は仍《すなわ》ち皇族にあらざる配偶者の子孫で臣下であるといふことが強く感ぜられ、皇統が皇族にあらざる配偶者の家系に移ったと観念されることをも免れない。かやうな点を考へて女系を認めないのである。右の外、女系を認める実益は、皇后継承の順序の数へ方にもあり、この場合は、特に皇族内部にあっても意味を持って来るが、一般の観念の懸念を察し、現制を踏襲することを適当と考へたのである。

女帝は配偶者があることを予想しなくてはならぬばかりでなく、その配偶者が皇族でない者から出てゐることが多いことも考慮に入れなければならぬ。かやうな場合に皇族でない配偶者の実際上の立場が問題となることを懸念される。而かも女帝が独身ならば子孫はあり得ないし、配偶者があって子孫があっても、前述の理由で女系を認めないとすれば、女帝は皇位の世襲相続といふことからいへば、既に初めからその子孫によって継承されないことに定まってゐる。依てこの関係から見れば、女帝をほかの男子の皇位継承資格者があるにかゝわらず認めることは、皇位世襲といふことに添はぬことであり、他に男子の皇位継承者がなくて女帝を認めることは、天皇制を一世だけ延命させるだけのことにすぎない。配偶者の問題と皇位継承の問題から、女帝はこれを認めないことを適当と考へたのである。

問一四　日本国憲法第一四条は、すべて国民が、法の下に平等であって、性別により、政治・経済・社会の関係において差別を受けない旨を規定してゐる。この憲法の下では皇統を男系に限ることは、憲法違反とならないか。

答一四　①右の第一四条は、性別による差別を否定すると共に社会的身分または門地による差別をも否定してゐるのであるから、これを極めて厳格に解すれば、皇位の世襲といふことも、この条文の関する限りでは否定されなければならないことになる。しかるに皇位の世襲については、日本国憲法第二条が、明らかに、第一四条の例外をなしてゐる。それ故に、皇族女子に皇位継承資格を認めるかどうかと異父ことは、それが皇位世襲の原則から見て、どうなるかといふことを明らかにした上で決定しなければならぬであらう。

②抑も世襲という観念は、伝統的歴史的観念であって、世襲が行はれる各具体的場合によってその内容を異にするのであらう思われる。場合によっては血統上の継続すら要件としない世襲の例も存し得るのである。

然らば、皇位の世襲といふ場合の世襲はどんな内容をもつか。典範義解はこれを（一）皇祚を践むは皇胤に限る、（二）皇祚を践むは男系に限る、（三）皇祚は一系にして分裂すべからざることの三点に要約してゐる。さうして、これは歴史上一の例外もなく続いて来た客観的事実にもとづく原則である。世襲といふ観念の内容について他によるべき基準がない以上、これによらなければならぬ。さうすれば、少なくとも女系といふことは皇位の世襲の観念の中に含まれてゐないと云へるであらう。
③然らば、女系は別として、女子の皇位継承資格は如何。女系を否定しても女子の継承資格は自ら別な問題だからである。しかし女帝を認めるといふことは、その御一代だけ男子による皇位継承を繰り延べるといふだけの意味しか持ち得ない。歴史上女帝は存するけれども、それは概ね皇位継承者が幼年にゐます為その成長をまつ間の一時の摂位にすぎないのである。かやうに考へると、女帝の登極といふことは、むしろ皇位の不安定を意味するものと言へるのである。
④更に男女同権といふことは、国民のすべてに適用する法律上の問題について言ひ得らるゝことであつて、皇位継承資格者が国民の一部にすぎないのに、その一部に於ける不平等は、必ずしも男女同権原則の否定とは言ひ得ないと思はれる。また、男女平等原則は、あらゆる場合に徹底的にこれを実現し得られるかといふに、文明の程度、生理上の差異等によつて、それは不可能に近からう。現に女帝を認めてゐる英国の立法例でも、性別を完全に否定して長幼の順によってゐる訳ではなく、男女同親等のときは、長幼をとはず男は女に先つことにしてゐるのである。

⑤以上の諸点を考へると、皇統を男系に限ることは、必ずしも憲法違反と言ひ得ないと考へる。

このように、女系を認めない理由として、皇族ではない配偶者との間に生まれた子孫は臣下であり、その子孫が即位した場合、臣下が天皇になってしまうことと、臣下が天皇になると皇統が別の家系に移ると認識されてしまうことが挙げられている。また、明治期と異なる点は、男女平等の論点から女性天皇の可否について論じていることだろう。

現『皇室典範』の特徴

臨時法制調査会による『皇室典範改正法案』は『皇室典範案』として第九十一回臨時帝国議会で審議され、現『皇室典範』は可決・成立し、『日本国憲法』と同日に施行された。ここでは帝国議会での主張を追いながら、現『皇室典範』の特徴をとらえてみたい。まずは、旧『皇室典範』とは異なる事項からみていこう。

現『皇室典範』の特徴として、第一に、『日本国憲法』に基づく法律ということがある。旧『皇室典範』は憲法と並立する最高法規であり、議会は関与することができなかった。しかし、現『皇室典範』は、『日本国憲法』が最高の成文法であり、現『皇室典範』は

『日本国憲法』の下位法であり、国会によって審議される一般国法であった。

このことに関連して、帝国議会では『皇室典範』という法律名について疑問があがった。明治期の旧『皇室典範』も、ここで審議された現『皇室典範』も、どちらの法律も名称は『皇室典範』である。しかし、現『皇室典範』は国会によって審議される一般国法となるのであるから、他の一般国法と同様に「……法」もしくは「……に関する法律」というような名称にするべきだという意見が出たのだ。たしかに、われわれが『皇室典範』を考える際に、新旧両典範の質が異なるのに『皇室典範』という同じ名称で扱われることは紛らわしい。

この疑問に対して、金森徳次郎国務大臣からは、皇室法にふさわしい尊厳さやその荘重なる響きを尊重したいという答弁があった。この発言の意味を理解するためには、旧『皇室典範』時代、日本政府は『皇室典範』へ強すぎる愛着を持っていたことを知る必要がある。戦後、『皇室典範』改正におけるGHQとのやりとりを見てもわかるように、格調高き最高法規だった旧『皇室典範』が、一般国法に成り下がってしまうことに戸惑いを感じていたことは想像に難くない。政府関係者にはせめて『皇室典範』という名を残すことでその尊厳を守りたいという想いがあったのだろう。

第二に、皇位継承資格、皇族の範囲を嫡男系嫡出に限っていることがある。また、親王及び内親王とする皇族の範囲を四世から二世に狭め、三世以下を王および女王にしている。旧『皇室典範』では第四条・第八条にあるように、庶子や庶系も皇族として皇位継承資格を有するとし、第三一条にあるように、四世までを親王および内親王とし、五世以下を王および女王としていた。

皇族の範囲を限定し、庶子を継承者としてに認めないことは、皇位継承者が少なくなり、皇統が途絶える危険性をはらむ。現在の皇位継承問題もここに一因があるといってよいだろう。しかし、皇統断絶の危惧は、当時にもすでに存在していたのだ。十二月十七日の貴族院特別委員会では、「(臣籍降下の範囲を広めた上に) また今度は庶子をみとめないということになりますと……皇位継承の上に憂ふべき場合を生ずる惧れがない訳ではないと思います」という意見が出ている。これに対して金森国務大臣は、「現在の道義心の要請する所は、正当なる結婚に依ってお生まれになった方が、この万世一系の血筋を御充たしになると考ふることの方が国民の核心に該当するものではなからうか、と思うのでありますす。そこで斯様な現代的なる国民の道義心の導く所と、竹の園生《そのう》の弥増《いやまし》に栄えることを望む所の考えとが、如何にして安全に調和せらるるかと云う問題が残って来る訳でありますす」と答えた。すなわち、『日本国憲法』の精神に沿って考えると、庶子を皇位継承者とすることは「国民の道義心」にそぐわないという判断だったのである。

しかし、十二月十七日の衆議院本会議では、憲法の人間平等の建前から、嫡子・庶子の区別をすることに対する疑問の声も挙がっていたことを付記しておく。

第三に、祖宗の神器、大嘗祭、元号の三点が省かれている。旧『皇室典範』には「第二章　践祚即位」の第一〇条・第一一条・第一二条に、これらについての条文があった。践祚の時に受け継ぐ祖宗の神器については、政教分離の原則により省かれたが、これは現『皇室典範』とともに成立した『皇室経済法』で規定することになった。大嘗祭についての項目も政教分離の原則として省かれた。元号については象徴天皇の権能の配慮から省かれた。政府は、一九四六年（昭和二十一）十一月に「一世一元」を定める「元号法」を閣議決定したが、ＧＨＱから「天皇制を強化する意図がある」と却下されてしまった。しばらくの間元号は「事実たる慣習」とされて存続してきたが、七〇年代になって再び元号法制化の動きが活発化。一九七九年（昭和五十四）年に「元号法」が衆参両議院で可決、成立した。

さて、次の第四の特徴からは、主に旧『皇室典範』の条文を受け継いでいる事項になる。

第四に、皇位継承を男系男子に限るとしたことがある。これは現『皇室典範』第一条にある規定であり、皇位継承問題を考えるときにもっとも重要な条文である。この条文が成立した理由はいくつかある。

まず過去の事例を見ると男系により皇位が継承されており、これが国民の確信というべきものであることがある。今日の皇位継承問題を考えると首を傾げたくなるが、さしあたり男性の皇位継承資格者が十分に存在していたという理由もあった。最終的に、女性天皇を可能にした場合、皇位継承順序など困難な問題があり、当時は的確な結論を得る時期にいたっていないし、研究も不十分なので、今後も女性の皇位継承について研究していく必要があるということで、皇位継承を男系男子に限るとまとめられたようである。

しかし、現『皇室典範』制定当時にも、女性の皇位継承を可能としてはどうかとする主張はあった。その理由としては、先にも説明したが、まずは歴史上に女性天皇の例があることだ。日本の歴史には女性天皇の実例があり、奈良時代など女性天皇の時代に日本の文化が発展したことを考えれば、女性天皇を認めるべきであるという意見や直系・近親を重んずる観点からも、近親の女性を優先するほうが自然の感情に合致するという意見もあった。また、憲法が平和国家を宣言したことから、女性天皇は、文化国家、平和国家の象徴としてふさわしいので、女性天皇を可能にするべきという声も出た。『日本国憲法』に定められた男女平等原則に沿うという意見があった。さらに、皇統の行き詰まりをなくし、皇位継承を安定させるためにも女性天皇を可能にする必要があるという意見も出た。

このように皇位継承を男系男子に限ることについての帝国議会での主張を見てみると、現在の皇位継承問題での争点の多くが、すでに議論されていたことがわかる。

さて、現『皇室典範』の特徴にもどろう。

第五に、皇位継承順序を直系優先、長系優先、近親優先にしたことがある。この皇位継承順序の考え方は、第二条に明文化されている。直系優先は、基準となる者の子・孫・曾孫・玄孫その他直系に属する者を先にし、兄・弟・伯父・叔父その他傍系に属する者を後にする考え方である。長系優先は、兄弟の関係では年長者の系統を年少者の系統に優先し、兄の系統を弟の系統に、伯父の系統を叔父の系統に、大伯父の系統を大叔父の系統に、それぞれ優先する考え方である。近親優先は、基準となる者から親族関係の近い者を先にし、親族関係の遠い者を後にする考え方である。

この皇位継承順序については、旧『皇室典範』の考え方が踏襲されている。では、旧『皇室典範』ではどのような理由で皇位継承順序が決定されたのか。それは伊藤博文による旧『皇室典範』の注釈書『皇室典範義解』に記されているので要点を記すことにする。

直系優先の理由は、始祖以来、皇位は直系の子孫に伝え、長幼の順に従うのが正しい法則であるからである。長系優先の理由は、長系を優先することが祖先の血統を重んずるからである。近親優先の理由は、皇子孫がいない場合、血統の近い親族から継承していくからである。

第六に、永世皇族制を採用しながらも実情を踏まえて皇族の範囲を定めることができるとしたことがある。これは現『皇室典範』第五条・第六条・第一一条に規定されている。

これに対しては反対意見もあった。皇族の範囲は『皇室典範』で規定すべきではないか、また、皇室の範囲を世数で限定してはどうかという主張である。

しかし、皇族の範囲を形式的な規定で限定することは、皇族の範囲についての弾力性がなくなるし、ふさわしい皇族の人数は一概に決められないので、避けるべきという主張があった。また、血統の継続は理屈どおりにはいかないので、皇位継承者が不足したり、皇族が増えすぎた時は、皇籍離脱の条件や手続きを定めた第一一条第二項を運用していくべきという意見もあった。そして皇族が増えすぎることのないように、皇族が身分を離れる場合を親王（皇太子及び皇太孫を除く）まで拡張し、親王の範囲を四世から二世までに縮減した。

第七に、天皇および皇族は養子をすることができないとしたことがある。これは旧『皇室典範』の第四二条を踏襲している内容である。伊藤博文の『皇室典範義解』によると、旧『皇室典範』が養子をすることができないとした理由には、養子は中世以降のものであり古来の典例ではないこと、皇族以外の者の養子は皇統の純粋さを失わせること、皇族の養子は皇統が乱れる原因となることなどが挙げられている。

第八に、皇族女子は、天皇および皇族以外の者と婚姻した時は、皇族の身分を離れるとした。この現『皇室典範』第一二条は旧『皇室典範』を踏襲しているが、帝国議会では金森国務大臣が、女性皇族の地位について男性皇族と異なる規定をしているのは、皇位継承資格を男系に限ったことにその根源があると述べている。

以上が現『皇室典範』の主な特徴だ。旧典範とおなじく『皇室典範』という名称だが、法律としての質の違い、旧典範とは異なる規定、引き継いでいる規定などはさまざまであり、一概にその同異についてまとめることはできない。しかしながら、現『皇室典範』の制定過程において、同時に施行された『日本国憲法』の影響が大きいことは確認できるだろう。

臣籍降下した旧宮家の変遷

皇位継承者が途絶える可能性がある中で、皇統断絶の回避案として「旧皇族を皇籍に復帰してもらう」という案がある。この旧皇族（旧宮家）が臣籍降下（皇籍離脱）したのが、一九四七年（昭和二十二）である。戦後、環境が激変する中、『日本国憲法』、現『皇室典範』の公布と同時期に皇族ではなくなった旧宮家とはいったいどのようなものか。時代をさかのぼりながら、旧宮家について簡単にまとめてみよう。

奈良時代には、親王宣下という制度があった。これは、皇胤は宣下を受けることにより代々親王を世襲することができるという制度である。

鎌倉時代以降、この親王宣下の制度により世襲親王家が成立した。しかし、室町時代になると鎌倉時代の世襲親王家は途絶えてしまった。後に室町時代にも世襲親王家が誕生したが、これも室町時代の後期ごろには途絶えてしまう。

しかし、北朝三代崇光《すこう》天皇の第一皇子である栄仁《よしひと》親王が始祖となり、伏見《ふしみ》宮が創設された。さらに、これ以降、桂《かつら》宮、有栖川《ありすがわ》宮、閑院《かんいん》宮が創設された。これらの世襲親王家が四親王家と呼ばれている。

その後もこの歴史を受け継ぎ、世襲親王家は増えていった。

一八八九年（明治二十二）、旧『皇室典範』によって、明治期の宮家制度は確立された。宮家制度は、直系の皇統が皇嗣に恵まれなかった時に皇位を継承するために創設されたものだ。これにより、それまでの親王宣下の制度が廃止され、天皇を基準とした親等により、親王・内親王・王・女王が決定されることになった。さらにすべての宮家は世襲になり、継嗣がいる限り皇族の身分を持つようになったが、宮家が増えすぎないように養子は禁止された。

1947年10月、臣籍降下した11宮家は、皇族として最後の挨拶を終えた後、赤坂離宮で名残を惜しむ晩餐会を開催した

明治から昭和二十年までは十八宮家が存在していたが、皇嗣に恵まれなかった宮家は後に断絶することになる。こうして第二次世界大戦が終わる頃には、十一の世襲宮家があった。伏見、閑院、山階《やましな》、梨本《なしもと》、北白川《きたしらかわ》、久邇《くに》、賀陽《かや》、東伏見《ひがしふしみ》、竹田《たけだ》、朝香《あさか》、東久邇《ひがしくに》である。なお、世襲宮家のほかに、秩父《ちちぶ》、高松《たかまつ》、三笠《みかさ》の三直宮《さんじきみや》もあった。

しかし、戦後、宮家は大きな転換をむかえることになる。

GHQは一九四五年（昭和二十）十一月に「皇族を含む皇室財産の凍結」、十二月に「天皇制を形成する支配網を除去」する声明を発表。さらに翌年には、皇族から経済上の特権と義務免除をはく奪する指令をだした。

その後、三直宮家と十一宮家の当主は宮内庁の仮御所に集められた。そして天皇陛下から、「三直宮を除き、ほかの皇族は全員、臣籍に降下することに決定するような事情に立ちいたった」と告げられた。

こうして一九四七年（昭和二十二）五月一日、十一宮家の自主的な天皇への請願というかたちで、臣籍降下が宮内庁に提出された。戦後初の皇室会議である十月十三日にその請願は承諾され、十一宮家の人々は一般国民として生活することになったのである。

戦後の女性天皇論議

一九四七年（昭和二十二）年に施行された現『皇室典範』では、女性天皇と女系天皇を否認したが、戦後、女性天皇の可否をめぐる議論はあったのだろうか。

女性天皇に関する論議は、早くも一九五四年（昭和二十九）自由党が発表した『日本国憲法改正案』の中に見ることができる。

「皇室典範を改正し、女子の天皇を認めるものとし、その場合その配偶者は一代限り皇族待遇とする。但しその場合（配偶者は）摂政となることを得ないものとする」

この改正案からもわかるように、当時の自由党が懸念したことは、皇婿の問題だった。女性天皇の夫となる人物が政治的に影響力を及ぼす可能性があるからだ。そこで自由党案では、配偶者は一代限りの皇族としただけでなく、政治的な関わりをなくすため、摂政の地位につくことも禁じていたのだ。

しかしその後、女性天皇に関する議論はあまり見られない。世界的なフェミニズムの流れを受けて、一九七〇年代後半ごろに、女性天皇に関する議論があったが、日本においてはそれほど大きな動きにはならなかったようだ。

■鈴木邦男の視点■ 三島由紀夫の予言——幻の女帝論

女帝論議には波がある。大きな波の初めは明治の旧『皇室典範』を作る時だ。第二の波は敗戦直後、現『皇室典範』を作る時だ。この時は主に新憲法第一四条の男女平等との関係で論じられた。しかし、二度とも女帝は認められなかった。そして六十年経った二〇〇五年の女帝論議だ。その他では、女帝論議はない。いや、ほとんどない。

今から考えると奇妙だ。それまでは女帝論議はあまり盛んではなかったのに、二〇〇〇年代に入って急に論議されるようになった。安丸良夫が言うように、六十年前は、昭和天皇に三人の弟と二人の男子があった。その現実に、安心しきっていたのだ。多くの宮家が臣籍降下しても、側室がなくなっても、大丈夫だと思った。それが六十年経ち、大丈夫でなくなった。だから急に女帝論議が盛んになったのだ。

つまり、六十年間は「空白」だったのだ。女帝論議はなかった。昭和天皇には二人の男子がいる。万々歳だ。そんな時に、女帝なんて言えない雰囲気だった。そして六十年が経った。

ただ、この六十年間の「空白」で、たった一度だけ例外がある。三島由紀夫だ。三島は一九七〇年（昭和四十五）十一月二十五日に自決した。「楯の会」の四人と共に市ヶ谷の自衛隊に突入し、決起した。憲法改正を訴え、「自衛隊を国軍にしろ！」と絶叫して死んだ。改憲を訴えるために自決したのだ。

また、自決の前に、自ら「憲法改正草案」を作り、その中で、なぜか女帝を認めていたのだ。このことは長い間、知らされなかった。二〇〇三年（平成十五）十二月に、元毎日新聞記者の松藤竹二郎氏が『血滾《たぎ》ル三島由紀夫「憲法改正」』（毎日ワンズ）の中で、そのことを発表した。サンケイ新聞はじめマスコミは一面でこのスクープを報じた。

三島は自決の一年ほど前から、改憲草案をまとめようとした。「楯の会」の中に、十三名から成る「憲法研究会」を作り、早大法学部の阿部勉氏を代表に据えた。毎週一回、この例会は開かれ、討議した。毎回、テープをとり、原稿に直していた。厖大な量で四〇〇字詰め原稿用紙で四〇〇枚以上になる。生前、三島はそれを出版社から出すつもりだったが、間に合わなかった。原稿は阿部氏が保管していたが、一九九九年（平成十一）十月癌のため死去する。死ぬ間際に「楯の会」の本多清氏に託した。元毎日記者の松藤氏はある偶然でこの本多氏に会い、改憲草案のことを聞き、見せてもらい、発表する。

さらに二〇〇五年（平成十七）四月には第二弾『日本改正案・三島由紀夫と楯の会』（毎日ワンズ）を出版する。これはさらに詳しく、「憲法研究会」の討議の様子も載っている。三島は、改憲についての大まかな「三島メモ」を示し、あとは学生たちが毎週討議する。「天皇は元首にすべきか」「不敬罪は復活すべきか」……と熱心に討議し、草案を作ってゆく。ただし、「女帝」については皆、戸惑い、どうしていいかわからなかった。そんな様子がうかがえる。

当時も今と同じ女帝論議が闘わされている。これは驚きだし、貴重な資料だと思った。

三島は研究会に初めは出たが、あとは学生だけで討議する。何やら、「マッカーサー・メモ」を基にしてGHQのスタッフが日本国憲法を作っている。そんな光景とも似ている。ただ、「楯の会」の改憲作業は秘密裡に行なわれていた。もしかしたら、女帝のことを知られたくなかったのかもしれない。だって、この時は皇太子さまも秋篠宮さまも生まれていた。皇室の将来は安心だし、万々歳だと思われていた。そんな時、女帝を考えるなんて不敬だと思われかねない。右翼に攻撃されるかもしれない。そんなことも考えたのだろう。「右翼にとって三島は神のような存在だろう」と思うかもしれないが、それは三島の死後のことだ。生前はほとんどの右翼は三島を嫌っていたし、馬鹿にしていた。「文士のお遊び」だと思っていた。

三島由紀夫

　一九六〇年（昭和三十五）に深沢七郎が『風流夢譚』を発表した時は、三島が推薦し、絶讃した。これは夢の中で革命が起こり、皇居前広場で天皇、皇太子らが処刑されるという話だ。三島はブラックユーモアとして面白がり、その文学性は高いと評価した。しかし右翼の十七歳の青年が出版社社長宅を襲い、お手伝いさんを殺し、奥さんに重傷を負わせた。この小説を推薦した三島の家にも右翼が押しかけ、地元の警察がガードした。

また、小説『憂国』や『英霊の声』でも「天皇批判だ」「グロテスクだ」と右翼に攻撃された。「楯の会」も「オモチャの兵隊」だと右翼は嘲笑した。しかし、一九七〇年（昭和四十五）に三島が自決すると、「あっ、三島は本気だったのか」と気づき、右翼の間で、三島は急に神になった。三島神社を作ろう、という動きまで出た。

話が先走ったが、三島の改憲草案だ。「天皇」のところでは、こう書いている。

天皇は国体である。

天皇は神勅を奉じて祭祀を司る。

皇位は世襲であって、その継承は男系子孫に限ることはない。

天皇の国事に関するすべての行為は、顧問院が輔弼し、内閣がその責任を負う。

顧問院は天皇に直属し、国体を護持する。

この三番目が重要だ。男系子孫に限る事はない、と書いている。女帝を認め、さらに女系の天皇も認めている。驚くべきことだ。他は、国体、神勅、顧問院……と、古くさい言葉が並ぶ。その中で、女帝だけが革命的だ。「楯の会」の「憲法研究会」でも、三島は詳しい話をしなかった。いきおい、代表の阿部氏が皆に質問され、突き上げられる。初めのうちは、三島の意を体してか、こう答えている。

「日本の歴史に照らせば当然認めるべきですね」

しかし、研究会では女帝反対の方が圧倒的に多い。阿部氏以外はすべて反対かもしれない。集中砲火に会い、阿部氏もこう言い直す。

「私が言った意味は、積極的に認めて一つの主義として確立しろという意味ではないんで、皇統には複数の女帝がおられるので、女帝は絶対だめだというような意見には反対だという意味ですよ。消極的な……」

消極的な容認論だと言っている。大幅に後退している。学生の討議は毎回テープにとり、原稿に直し、三島に見せている。しかし、これについて三島が、じゃあ俺が説明してやる、と言って出てくることもない。奇妙だ。「楯の会」の人間に聞いても、「三島先生の意図がわからなかった」と言う。この本の著者の松藤竹二郎氏に聞いてみた。「三島さんは皇位継承の受け皿は大きくした方がいいと思ったんでしょう。今は大丈夫だが、男の子がいなくなる時代を予言したんでしょうね」と言う。

三島は予言者だ。ただ、そのことを強調しすぎると、「天皇制に反対なのか」「不敬だ」と思われる。だから学生にもあまり説明しないで、ポンと問題だけを投げ与えたのかもしれない。

「憲法研究会」代表の阿部勉氏は学生時代からよく知っている。下宿に同居させてもらったこともある。三島の死後は、一緒に「一水会」を作った。阿部氏から改革草案についても洩れ聞いていたが、あまり関心はなかった。女帝についても、「三島はスタンドプレーをしてる」と思ったくらいだ。僕が愚かだったのだ。こんなことなら阿部氏から、もっともっと聞いておくんだったと悔やまれてならない。

草案を託された本多清氏も学生時代から知っている。電話して聞いた。面白いことを言っていた。「三島先生は今の事態を予言していたんですよ。自衛隊だってそうでしょう」と言う。三島は「自衛隊二分論」を主張していた。陸上自衛隊を中心に、半分は祖国防衛隊にする。航空自衛隊を中心に、もう半分は国連警察軍にあげちゃう。これを基礎にして国連警察軍を作る。これは日本に対する忠誠義務はない。国連のものだ……と。

今を予言していたのだ。自衛隊は日本だけを守っていればいい。そういう時代は終わる。国際貢献を求められる時が来る。だから自衛隊を半分に割って、一つは祖国防衛隊、一つは国連にやっちゃえと言っているのだ。さらに本多氏は言う。

「女帝論だってそうですよ。あの頃は誰も言わなかったけど、今は大問題になっている」。でも、四十七年前に、よくそんな発想をしたもんだ。本多氏は答える。

「そうですね。でも、あの頃、女の子だけの家庭も増えてたんです。松浦さんも僕も養子でしょう。だったら、いつかは天皇家も、……と思ったんじゃないですか」

あっと思った。そうか。そうかもしれないと思った。ここに出てくる松浦さんというのは「楯の会」の初代学生長だ。旧姓・持丸博といった。松浦芳子さんという「生長の家」の女子学生と結婚して、養子に入った。松浦家は女の子が二人だけだったからだ。松浦博氏は三島に最も信頼され、学生集めから事務的な仕事、すべてをやった。彼なしには「楯の会」は成立しなかった。本多清氏は旧姓・倉持だ。相手の家は女の子一人だ。それで養子になり本多になった。さらに「憲法研究会」の代表の阿部勉氏も結婚し、毛塚勉になった。

三島は自分の周りに、こんなにも養子になる男がいるのかと驚いた。また、女の子供しかいない家庭、子供のいない家庭も急激に増えてきた。天皇陛下には二人の男の子がいるとはいえ、決して楽観してはいられないと思ったのだろう。

それと、もう一つ考えたことがある。三島の『英霊の声』や『憂国』は右翼から攻撃されたと言ったが、それについてだ。『英霊の声』で三島は昭和天皇批判をしている。昭和天皇は二・二六事件の青年将校を殺した。また、戦後「人間宣言」をした。これは「天皇陛下万歳」と叫んで死んでいった人々への裏切りではないのかと。つまり、三島なりの「責任」追及をしている。だったら、「女帝発言」も、あるいはもう一つの「責任」追及ではないのか。

昭和天皇は側室を廃止した。多くの皇族が臣籍降下するのを黙認した。このことによって必ず男の子がいなくなり、皇位継承の危機が訪れる。三島はそう見通したのではないか。女帝を立てるしかない時がくる。これは、その事態を招いた昭和天皇への批判でもあった。そうした批判、警告を込めた上での問題提起ではなかったのか。

もちろん、僕の考え過ぎかもしれない。松藤氏や本多氏にこの僕の推測をぶつけてみたら、「そんなことはありません。考え過ぎです」と言われた。しかし……。

第六章　海外の皇位継承

海外の皇位継承

旧『皇室典範』の成立時、日本の起草者は海外の王室を研究し、それを参考にしながら、近代国家における天皇のあり方と皇位の継承ルールを制定していった。

現在、日本の皇位継承ルールは壁にぶつかっているが、諸外国の王室は、王位継承の危機に直面することはなかったのだろうか。そもそもどのような継承ルールを設定しているのだろうか。

ここでは、海外の主な王位継承制度についてまとめてみたい。

ここで取り上げる諸外国の王位継承制度の例は、「有識者会議」で配布された資料をもとにしている。つまり、これからの日本の『皇室典範』改定も、これらの国々の例をあるていど参考にしながら議論をしていると考えられるだろう。

ここでは、デンマーク、スペイン、英国、ベルギー、オランダ、ノルウェー、スウェーデンと、ヨーロッパ諸国の王位継承例を中心に取り上げる。加えて、中東のヨルダン、アジアのタイの王位継承も見てみたい。

ヨーロッパ諸国における王位継承制度の例を見ると、ほぼ二つの制度に集約されている。

ひとつは、王位継承権を男子に優先的に与えるものの、男子の継承者がいない場合には、女子も継承権者になり得る「男子優先」。もうひとつは、性別を問わず、国王の長子を最優先に王位を継承するという「長子優先」である。ヨーロッパの王制の多くは、一九八〇年代以降、長子優先に改正しており、女子に王位継承権を認めているが、この背景には、男女平等などの社会背景がある。ただ、ヨーロッパの王室は、王室同士で婚姻を繰り返してきているため、「男系」で継承してきた日本の皇室とは質が異なることに注意しておきたい。

この二つに加えて、ヨルダン、タイの王位継承についても取りあげる。

なお、ここで詳しくは取り上げないが、ヨーロッパにおいては、ルクセンブルクやモナコも「男子優先」で、「男子限定」の国はリヒテンシュタインのみである。そのほかの男子限定の国は、男尊女卑の戒律があるアジアや中東のイスラム教の国々などである。

男子優先の国々――デンマーク、スペイン、英国

「男子優先」の主な国は、デンマーク、スペイン、英国である。

これらの国々の継承は、王の直系を傍系に優先させ、その王の直系の中で、男子およびその子孫を女子及びその子孫に優先させている。傍系の中でも同様に、男子及びその子孫を女子及びその子孫に優先させている。また、同系間では近親を優先し、同親等同姓間で

は年長を優先させている。

絶大な人気のデンマーク王室

デンマークの政体は立憲君主制である。デンマーク王室は「世界一開かれた王室」と言われるほど人々の支持を集めている。最近の世論調査では九割以上の人が君主制を支持するなど、デンマーク王室の人気は絶大である。憲法によれば王位は、一九五三年三月二十七日の王位継承法の規定に従い、男子および女子によって世襲される。

王位継承法をみると、王位継承資格者は、まず、クリスチャン十世国王（在位一九一二～一九四七）とアレクサンドリーネ王妃の子孫であることが求められる。この子孫のうち、嫡出子のみが王位継承資格を持つ。また、福音ルーテル協会の会員でなければならない。王位が欠けた場合で王位継承資格者が存在しない場合、国会は王を選び、かつ、将来における王位継承順位を確定する。

デンマークの前国王には子供が女子三人しかいなかった。当時の憲法（旧憲法）では、継承資格が男子にしか与えられなかったため、現在の日本の皇室に似た王位継承の危機があったのだ。しかし、一九五三年に旧憲法が改正され、女子にも継承資格が与えられるようになったという。現在の国王は、前国王フレデリック九世の女子の実子マルグレーテ二世女王であり、一九七二年に即位している。

一九五三年の旧憲法改正時、フレデリック九世国王の弟がいたが、現在の女王であるマルグレーテ二世が国民に非常に親しまれていたため、憲法改正案は問題なく議会を通過した。この例をみると、継承権者の人気が世論を動かし、継承制度の改正に影響を及ぼすこともあるようだ。

注目されるスペインの憲法改正

スペインの現在の政体は議会君主制であるが、一九七五年までフランコによる独裁政権だった。一九三六年、反共派だったモロッコ駐留軍のフランコ将軍が反乱を起こし、フランコを主席として国民政府が樹立。一九三九年、国民政府軍が人民政府の首都マドリードを陥落させ、内戦は終結し、独裁政権が樹立した。

しかし、フランコは一九六九年にアルフォンソ十三世（在位一八八六年〜一九三一年）の孫、ファン・カルロスを国家元首の後継者に指名し、一九七五年十一月二十日にフランコは死去。二十二日に、ファン・カルロス一世が国王に即位。王政復古となった。ファン・カルロス一世は民主政治への姿勢を示し、一九七八年に民主憲法が制定されている。

王位継承について、スペイン憲法を見ると、スペイン国王はブルボン家ファン・カルロス一世（在位一九七五〜）の後継者が世襲することになっている。王位継承は、長子継続で長系が優先し、また、同一家系内では近親等が他の親等に、同一親等内では男子が女子に、同性内では年長者が年少者に優先する。男子優先であるが、女子にも継承権が認められている。

また、法律で定めるすべての家系が消滅した時は、スペインの利益に最も合う方法で、国会が皇位継承者を任命するとなっている。

このスペインで、皇太子妃の懐妊が二〇〇五年五月八日に公式発表された。スペイン国民の関心は男子誕生か女子誕生かに集まっている。

王位継承が「男子優先」となっているスペインだが、フェリペ皇太子は男女平等にどちらの性別でも第一子が王位を継ぐ「長子優先」に憲法改正を望んでいるという。

スペインの憲法改正には、議会の上下両院で三分の二以上の賛成を得て承認した後に、国民投票にかけるという手続きが必要になる。もし憲法改正前に女子が誕生し、改正後に男子が誕生した場合、どちらに王位が継承されるのかが問題になりそうだ。スペインの例を参照すると、現在の日本においても今後の混乱を避けるために、早期に皇位継承制度の改正が望まれる理由がわかってくる。

英国の王位継承資格者は四〇〇〇人以上

英国は立憲君主制であり、現在の王はウィンザー家である。以前の王室名はサクス・コーバーグ・ゴーダ家だったが、これはドイツ風の家名であった。第一次世界大戦中の一九一七年に敵国であるドイツ風の家名を嫌い、ウィンザー家と改めた。

現国王であるエリザベス二世女王が即位するまでの経緯を少し振り返ってみよう。一九三六年にジョージ五世の崩御を受けてエドワード八世が新国王となった。しかし、エドワードは二度離婚しているアメリカ人女性シンプソンと、議会や国民の反対を押し切って結婚したことにより退位した。このスキャンダラスな出来事によって、エドワードの弟でエリザベスの父であるアルバート王子がジョージ六世として即位。一九五二年に父のジョージ六世が死去すると、エリザベス二世が即位した。女王は前国王であるジョージ六世の長女であるので、男系女子の国王である。

英国の王位継承法を見ると、王位継承資格者はジェームズ一世（在位一六〇三〜一六二五）の孫娘ソフィア夫人（ハノーヴァー選帝候夫人）の直系の子孫であることがあげられている。また、プロテスタントでなければならず、カトリック教徒になった者またはカトリック教徒と結婚した者は王位継承資格を奪われる。

現在、英国の王位継承資格者はなんと四〇〇〇人以上も存在する。皇統断絶の危機にある我が国と比べてると、驚きの規模である。

現在の英国の継承順位は「男子優先」だが、一九九〇年代に「長子優先」にすべきという議論があり、二〇〇四年十二月に、性別にかかわらず王位が継承されることなどの内容の法案が、労働党の上院委員により議会に提出されたが、二〇〇五年一月に撤回。同様の法案が労働党の下院議員からも提出されたが、同四月十一日の議会解散により廃案になっている。

長子優先の国々——ベルギー、オランダ、ノルウェー、スウェーデン

「長子優先」の主な国々は、ベルギー、オランダ、ノルウェー、スウェーデンである。

これらの国々は、王の直系を傍系に優先させ、その王の直系の中で、長子およびその子孫を次子以下の子およびその子孫に優先させている。傍系の中でも同様に、長子およびその子孫を次子以下の子およびその子孫に優先させている。また、同系間では近親を優先し、同親等同姓間では年長を優先させている。

男女平等が浸透しているベルギー

ベルギーは一八三〇年にオランダから独立し、翌一八三一年二月に憲法が制定され立憲君主国になった。新国家の議会はザクセン・コープルグ・ゴータ家のレオポルドを推戴《すいたい》し、レオポルド一世（在位一八三一〜一八六五）が即位した。

憲法によると、王位継承資格者は、このレオポルド一世国王の直系、実系および嫡出の子孫でなければならない。

レオポルド一世国王の子孫がいない場合、王は両議院の同意を得て、その後継者を指名することができるが、この指名がなされなかった場合は王位は空位となる。

ベルギーでは、今まで王位継承権者は男子のみだったが、一九九一年に王位継承資格に関する憲法が改正され、王位継承は「長子優先」となり、女子の王位継承資格が認められた。この背景には、男女平等が浸透していたことがある。

女王が続くオランダ

フランスでナポレオンが皇帝だった時代、オランダはフランスの支配下にあった。しかし、一八一四年にナポレオンが退位し、一八一五年六月にウィーン条約が結ばれると、オランダは立憲君主国になることが正式に認められた。当時フランス革命軍に追われてイギリスに亡命していたウィレム五世の息子ウィレム六世が、ウィレム一世として初代国王に即位した。

憲法によると、王位継承権者は、ウィレム一世の正当な子孫に付与されると記されている。また、国王が死亡した場合、王位は年齢の順に従って国王の正当な子孫に世襲により継承される。王位継承者が国王より先に死亡した場合の継承順位も同様である。

国王に子孫がない場合も、王位は王位継承の系統にある国王の父母の正当な子孫に、それがない時は王位継承の系統にある国王の祖父母の正当な子孫に継承される。ただし、当該国王の三親等を超える者に継承することはできないと定められている。

王位継承者がいなくなることが明らかである場合には、王位を継承する者が法律により指名される。国王が死亡したり退位の際に王位継承者がいない場合、両院は解散され、新たに召集された両院が合同会議を開催し、王位継承者が指名される。

かつては「男子優先」だったオランダだが、女子差別撤廃条約を背景に、一九八三年に憲法が改正され、「長子優先」となった。また、オランダは一八九〇年から、ウィルヘルミナ女王（在位一八九〇〜一九四八）、ユリアナ女王（在位一九四八〜一九八〇）、ベアトリクス（在位一九八〇〜）と女王が続いている。

未来の女王が誕生したノルウェー

ノルウェーは一三八一年から一八一四年までデンマークと、一八四一年からスウェーデンと連合を組んでいたが、一九〇五年にホーコン七世のもとで立憲君主国として独立した。

憲法を見ると、国王は、常に福音ルーテル教の信徒でなければならないとされている。王位継承者は、王の直系で嫡出子孫、王の兄弟姉妹またはその嫡出の直系子孫。近親の系統は遠親の系統に優先し、同系統内では年長者が年少者に優先する。

ノルウェーの王位継承権をもつ王女または王子は、国王の承認がなければ婚姻することはできない。また、国王および国会の承認がなければ、他国の王位または統治を引き受けることはできない。これらに違反する時は、その者およびその子孫は、ノルウェー国の王位に対する権利を失ってしまうという。

王室の系統が絶えて王位継承者が選挙されない時は、新たな女王または国王は国会で選定することになっている。

かつて王位継承権者は男子に限定されていたが、一九九〇年の憲法改正で男子限定から長子優先の継承になった。

二〇〇四年一月二十一日、ノルウェーのホーコン皇太子とメッテ・マーリット皇太子妃の間に女児が誕生した。これにより王女は父ホーコン皇太子に次ぐ王位継承権を持つことになった。

後に生まれた王女が後継者になったスウェーデン

スウェーデンではさまざまな時代に王家が変わったが、現在王家はフランスの将軍ベルナドッテが迎えられ、カール十四世として即位したことに始まったベルナドッテ家である。

スウェーデンの統治法典には、王位継承法によってスウェーデンの王位を継承した国王または女王が国の元首となり、また、女王が国の元首になった場合、統治法に定められて国王に関する規定が女王に適用されると記されている。

王位継承法によれば、王位は、カール十六世グスタフ国王（在位一九七三～）の子孫が継承することになっている。また、キリスト教福音派の信仰を奉じない王族は、王位継承のあらゆる権利から排除される。

王位継承権者がいなくなった時は、統治法に基づき国会が元首の職務を行う摂政および摂政代理を任命することになっているが、その後の長期的措置を定めた法律はない。現在、王位継承資格者は三人存在する。

スウェーデンでは、一九五二年から、「王朝の存続」と「男女の平等」を理由に、女子の王家継承を認めるための動議が国会で提起されてきた。

国際婦人年の一九七五年、国会で女子の王位継承に関する動議が取り上げられ、女子の王位継承を導入するための調査及び提案を政府に求めることが決定された。一九七七年三月、政府の調査委員会に提出した報告書には、まず、デンマーク、オランダ、イギリス、ルクセンブルクでは女性にも王位継承を認めていることが記された。また、スウェーデンでも、王朝の存続のため、十六世紀終わりから十八世紀初頭まで女子にも王位継承権があったことも報告されている。また、完全な男女平等がこれからの時代の基本原則であると考えられている。ゆえに、女子の王位継承を認めても、男子優先であればこの基本原則から逸脱するとし、完全長子優先継承が提案された。こうして一九七七年に法案が提出され、一九七九年に可決・成立し、一九八〇年に「長子優先」の皇位継承法が施行された。皇位継承法第一条には、「年長の男子および女子並びに彼らの子孫は、王位継承の順位において、年少の男子および女子並びに彼らの子孫に優先する」と規定されている。

カール十六世グスタフ国王とシルヴィア王妃の間には三人の子がいる。一九七七年七月に誕生した第一子のビクトリア王女に続き、第二子のカール・フィリップ王子、第三子のマデレーヌ王女だ。カール・フィリップ王子が生まれた翌年に王位継承は長子優先となったため、第二子の男子のカール・フィリップ王子に先んじて、ビクトリア王女が皇太子として皇位継承順位一位となっている。

スウェーデン王室は人気が高く、王室廃止を主張するものはほとんどいない。夕刊紙はビクトリア皇太子のボーイフレンドを詮索するなど、国民の注目を集めている。ビクトリア皇太子は二〇〇五年四月、愛知万博の視察のために来日している。

その他の皇位継承の国々――ヨルダン、タイ

ヨルダンの王位継承資格者は、男系男子のみである。王の直系を傍系に優先させ、その王の直径の中で、長男子およびその男子孫を次男子以下の男子およびその男子孫に優先させている。傍系の中でも同様に、長男子およびその男子孫を次男子以下の男子およびその男子孫に優先させている。また、王は弟を次期王に任命することが可能である。後継者がいないまま最後の王が死去した場合は、王位は故フセイン・イブン・アリー国王の子孫の中から、国民議会が選んだ人物に委譲される。また、ムスリムでない者、精神的に健全でない者、嫡妻から生れていない者、ムスリムの両親から生れていない者が王位につくことはできないとされている。

タイでの王位継承資格者は、現国王が後継者を指名することで決定する。王が王位継承者を指名しないまま王位が空位になった場合は、枢密院は王位継承者名を内閣に提出し、内閣は承認を求めるために国会に提出する。王室典範では第一三条に継承資格があるのは男子のみとされているが、一九七四年には憲法第二三条に新たな規定が追加され、枢密院

は王位継承者として王女の名も提出することができるようになった。憲法と王室典範との間には内容のずれがあるが、憲法の規定が優先する。

■鈴木邦男の視点■　皇室と国際結婚――海外の皇室との共生へ

十五年前、カレル・ヴァン・ウォルフレンさんと『サンデー毎日』で対談した。ウォルフレンさんはオランダ人で、日本には何十回も来ている。彼の日本研究の書『日本／権力構造の謎』（早川書房）は十カ国語以上に訳され、世界的ベストセラーになった。その他、『人間を幸福にしない日本というシステム』『なぜ日本人は日本を愛せないのか』（ともに毎日新聞社）といった著書がある。

その人がなぜ、僕なんかと対談しようと思ったのか。「日本の愛国者の代表的な存在と思ったからです」と嬉しがらせる。楽しい対談だった。対談が終わってから、オランダの王室の話を聞いた。日本の皇室と比べて本当に自由だ。女王や王室の人々は一人で出歩いて買物をしたり、電車に乗ったりしている。今は女王だが、ずっと女性が王位についているのですかと聞いた。「いや、第一子が国王になるんです」と言う。今、第一子が男の子だから、その子が国王になる。国王はやがて女子から男子に変わるんだ。「じゃ王室は安泰ですね」と思わず口にしてしまった。僕の偏見かもしれないが、男子になるほうが国民も喜んでると、勝手に思ったからだ。そうしたら、ウォルフレンさんはこう言って反論する。

「いや、それだけで安泰とは言えない。日本とは違うんだ。国民は今の女王を位として尊敬しているんじゃない。能力もあって、話術も巧みだし、国家のために大事な仕事をこなしている。だから個人として尊敬しているんだ」

これには驚いた。じゃあ、次はどうなんですかと聞いたら、次の国王になる長男にはあまり能力はない。だからオランダの王室は終わりだろうと言う。オランダの王室も大変なんだと思った。日本の皇室と比べたら、オランダの王室は自由で、気儘《きまま》で、何の問題もないと思っていたのに。

もうひとつ驚いたことがある。長子（第一子）継承のことだ。男子であれ女子であれ、一番初めに生まれた子を国王にする。こんな方法があったのか。民主的でいいと思った。十五年前にウォルフレンさんと会った時は、日本でも考えていいんじゃないかと漠然と思っただけだった。日本ではまだ女帝論議が起きていなかったし、ウォルフレンさんともそれ以上突っ込んだ話をしなかった。今なら、もっともっと聞いておきたいことがある。

長子継承の国は、オランダの他、ベルギー、ノルウェー、スウェーデンだ。今、日本で女帝容認を言う人は、このオランダなどの例を見て、意を強くしていると思う。

「いや、外国の例を参考にはしてない。日本の皇室は別だ。日本ではかつて八人十代の女帝がおられる。だから…」と言うだろう。でも、外国の例を参考にすることは恥ずかしいことではない。「万邦無比の国体」などと言って、日本の皇室は世界一尊いし、どこの国とも比べようがないと胸を張っていた時代もある。でもそう言いながら、イギリスやオランダなど外国の王室を参考にして、明治維新以降、日本の皇室を作ってきたのだ。

雄々しい明治大帝

極端な話をすれば、明治以降の皇室はそれ以前とはガラリと変わった。別物になったとも言える。以前、NHKの『その時歴史が動いた』を見ていたら、西南戦争をやっていた。カリスマ性のある西郷が死んで、山県有朋は考えた。薩摩軍は、西郷の為にあれだけ死にもの狂いで戦った。だったら政府軍もそれ以上のカリスマ性のある指導者を持たなければならない。その役目を山県は天皇に期待した。

それまでは天皇は、単なる公家の代表だった。白粉《おしろい》や紅をつけた、女性的というか中性的な存在だった。全員がそうとは言えないが、そうした人が多かった。でも、権力・権威の源泉だ。だから薩長は「玉《ぎょく》」を自分たちの側に取り込もうと必死だったし、それに成功した。そして海外の例を参考にして、新しい皇室を作った。さらに、西南戦争以降、単なる「玉」でもないし、「公家の代表」でもない。雄々しいカリスマにしようとした。

明治以前は、天皇は御簾《みす》の中にあって顔を見せない。それなのに明治以後は、「御真影」を作り、ビジュアルとして国民の目に見える天皇にした。これも外国の影響だ。写真のない時代から外国では国王や女王は絵に描かれ、御真影と同じ扱いをされてきた。日本もそれを真似たのだ。ミカドのお顔を一般にさらすのだから、昔の公家にしたら、許せないし、不敬だと思っただろう。さらに明治政府は「もっと不敬」なことをしている。明治天皇の肖像画を外人画家キヨソーネに描かせ、それを写真にとって御真影にしたのだ。出来あがったものは雄々しく、立派だ。さらにどこか西欧的な顔立ちだ。それもそのはず、西洋人が描いた絵だからだ。

実際の明治天皇の写真も残っている。それを見ると、失礼ながら少々お顔が長い。一般人なら馬面と言われるだろう。さらに失礼な推測をすると、「日本の顔」として世界に出すには恥ずかしいと思ったのか。僕はいい顔だと思うが、明治の軍人たちはピンと八字ヒゲをはやし、いかにも明治の男という顔をしている。それに比べたら天皇はおとなしいし、やはり公家の顔だ。これじゃいかんと、西洋人の画家に描かせ、西洋人のような顔にして、それを写真に撮った。勝手に整形をしたようなものだ。

明治天皇の肖像。コンテ画を写真師が撮影し完成させた

そんな不敬の数々をしてまでも、天皇をカリスマにし、強い日本の強い指導者にしようとした。その時、外国の王室を参考にしている。どうも日本人は昔から外国コンプレックスがあった。前にも書いたが、大化の改新の頃は朝鮮の文化がドッと入ってきた。江戸時代は中国の儒教、オランダの蘭学だ。明治以降はヨーロッパ、敗戦後はアメリカだ。それも無制限に受け入

れた。普通なら、これだけ受け入れたら、その国がなくなってしまう。しかし、日本は残った。強靭な咀嚼力で。日本は寛容で、したたかな国なんだ。僕はそんな日本に愛着を持つ。つまり、いつも外国コンプレックスを持って、ちょっぴり自虐的な国。そんな日本が好きだ。

さて、話を戻す。このように寛容で発想のしなやかな日本だから、今も外国の王室を参考にしても恥ずかしいことはない。オランダがよければオランダの真似をすればいい。医学だってオランダから学んだし、鎖国時代も唯一オランダを通して世界を知った。司馬遼太郎は『街道をゆく』(朝日新聞社)の三十五巻(「オランダ紀行」)の中でこう書いている。

「鎖国された日本社会を一個の暗箱《あんばこ》とすれば、針で突いたような穴がいわば長崎であり、外光がかすかに射しこんでいて、それがオランダだった」

なかなかいい表現だ。じゃあ、女帝論議でも、もう一度、オランダの外光をもらってもいい。ウォルフレンさんに会って、初めて「長子継承」の話を聞いたが、オランダだって昔から第一子継承だったわけではない。女子差別撤廃条約を背景に、一九八三年に憲法が改正されて第一子継承になったのだ。そして、次は第一子が男の子なので、国王になる。しかし、オランダは百年以上も女王が続いた。それが次は男子が国王になる。期待もあるだろうが、不安もあるのではないか。

海外の皇室を見習おう

他の長子継承の国々も、実は最近になって変わったのだ。スウェーデンはかなり前から論議されていたが、正式に決まったのは一九八〇年、ノルウェーは一九九〇年。ベルギーは一九九一年だ。背景に男女平等思想があるのは事実だが、早く安心したいし、早くから帝王教育をしたいという理由もあるのだろう。「男子優先」と決めていても、いつまでたっても女の子しか生まれないかもしれない。じゃ、いつまで待つのか。結婚して十五年とか二十年とか、期限をつけるのか。しかし、それでは、もう男子は生まれないと思ってやむなく女王を立てたら、翌年に男子が生まれた、ということだってある。しまった、もう一年待てばよかった、と思うかもしれない。昔だったら王位継承をめぐって戦争になる。でも、いつまでも待てない。王は生まれた時から王としての教育をしなくてはならない。

二十歳ぐらいになって、急にこの子を女王にしようといっても大変だ。

そんな不安から解放されたくて長子継承を決めたのだろう。これなら男の子でも女の子でも、一番初めの子を王として、その日から教育ができる。

他に、長子継承ではないが、女子の継承も認める国がある。英国は慣習法で女子の継承も認めているが、男子を優先だ。でも、英国といえば「女王様の国」という印象が強い。これを読んでも、「あれっ、男子もなれるのか」と思う人の方が多いだろう。日本もこうなるかもしれない。『皇室典範』を改正し、妥協案として「女子の継承を認めるが男子を優先」になったとする。でも、ずっと女子が続いて、イギリスのようになるかもしれない。

デンマークも男子が優先だが、女子の継承を認めている。このようにヨーロッパの王室は、ほとんどが女子の継承を認めている。でも女子が王位を継承し、ずっと女系になったら不安はないのだろうか。「王室のDNAが失われる」とか「これでは庶民と変わらない」と反対論が起きないのだろうか。ところが起きないのだ。女王のお婿さんになる人、さらに国王のお妃さんになる人も、ほとんど王族だからだ。国内にいなければ外国の王族の人と結婚する。だから、ヨーロッパの王族はみんな親類のようなものだ。

その点、日本は遅れている。いや、遅れていてもいいが、孤立している。皇位継承の危機の時に、外国に助けを求めることはできない。イギリスやオランダの王室にいくら親近感を持っていても、まさか、そこからお婿さんを、という訳にはいかない。

でも何十年か後には、それも考えられるかもしれない。これだけ国際結婚も多くなったんだし。そうした世相と皇室は無関係ではない。天皇は日本国の象徴なんだから、国際結婚をする人々が大半になれば、皇室もそうなるかもしれない。三島由紀夫が今生きていたら、そんなことを言い出すかもしれない。いや、女帝は言うが、国際結婚は言わないかな。彼は国粋主義者だから。

「有識者会議」では、女帝論議が主になっている。そして、海外の王位継承の詳しい実例も資料として出されている。明治時代に『皇室典範』を作った時と同じだ。外国の例を研究し、参考にしようと必死なのだ。一読したが、僕はタイ王国の例が一番いいと思った。現国王が後継を指名。女子の継承も認めている。これが一番スッキリしている。

タイの国王は直接には政務を執らないが、国内で政争があった時は必ず調停に出てくる。そして国王が出てくるとすぐにまとまる。変な話だが、タイには右翼はいない。王党派もいない。すべての国民が王室を支持し、すべてが王党派であり右翼だからだ。だから、「王室を守れ」と街宣車で叫ぶ必要はないのだ。こういう国の方がいいではないか。タイには何度も行ったが、公の場所はもちろん、商店でも、みやげ物店でも、どこでも国王夫妻の写真を掲げている。そこまでしなくてもと思うが、それだけ親愛の情を持っているのだろう。

一九七〇年（昭和四十五）に「よど号」事件というのがあった。日本の赤軍派の若者九人が日航機「よど号」をハイジャックして北朝鮮に行った。そのうちの一人、田中義三さんはカンボジアに出国していて、タイで裁判を受けた。タイの偽ドル事件に関与したという疑いだ（この件では無罪になったが、日本に送還され、「よど号」事件で懲役十二年の刑を宣告され、今は熊本刑務所に収監されている）。

僕は偶然の機会から田中氏と知り合いになり、裁判の支援・傍聴のため、五回タイに行った。タイの裁判所は日本と違い、私語をしても注意しない。被告（田中さん）の隣りに座って喋ったり、メモを渡したりした。また、その場で手記を書いてもらった。差し入れを渡したりもした。自由というより、アナーキーな裁判所だと思った。

ただ、腕を組んだり、足を組んだりすると注意される。裁判官の背後には国王の写真が掲げてある。腕や足を組んだのでは国王に失礼だ。喧嘩を売っているように見える。そういう理由だ。他のことはすべて自由で、無秩序だと思ったのに、この一点だけはビシッと筋を通しているのだ。清々《すがすが》しいと思った。こんなところもタイ王室に好意を持った理由だ。

第七章　新『皇室典範』と皇位継承のゆくえ

『皇室典範』の改正へ向けて

一九九五年（平成七）一月十五日付の『読売新聞』朝刊に、宮内庁が一九九三年（平成五）の皇太子殿下ご成婚後から、皇位継承についての内部資料を作成していたという記事が掲載された。その中で具体的な検討が行われていたのは、(一) 女性天皇を認める場合、(二) 女系を認める場合、(三) 男系男子主義の存続、この三つのケースだったという。この記事に関して、当時の宮内庁は資料の存在を否定したものの、この頃から将来の皇位継承の対策が考えられていたことがうかがえる。

二〇〇五年に「有識者会議」で議論が進められたが、この会議の結果が、新しい『皇室典範』の内容の鍵を握ることになるだろう。

「有識者会議」では、憲法で定めている世襲による象徴天皇制の維持を前提とし、国民の世論や意見を尊重しながら制度改正にあたることで合意している。また、ヨーロッパ諸国では男女平等の考えを背景に女性にも王位継承権を与える国が増えているが、日本の「有識者会議」では、日本のこれまでの皇室の伝統・歴史を尊重するために、男女平等を理由に女性天皇を容認したり、外国王室の制度を皇室に当てはめるべきではないとしている。

「有識者会議」では、皇位継承の歴史や皇位継承パターンの典型例などについて確認・論議したのち、第六回会議の二〇〇五年（平成十七）五月三十一日と第七回会議の六月八日に、専門家八人からのヒアリングを受けて意見交換を行った。

専門家の意見は「男系男子を堅持する」と「女性天皇を認める」の二つに分かれた。

男系男子を維持するための案は、戦後、皇籍を離脱した旧宮家を皇籍に復帰させることである。旧皇族の男子が愛子さまなどと婚姻すれば、その間に生れた子は男系男子になるため、これまでどおり男系男子の皇統は途絶えることはない。「有識者会議」では「検討する」としているものの、「慎重論が多い」という声も聞こえてくる。

女性天皇を認めることに関連して、「有識者会議」では、まず「女性の宮家創設」を検討することになった。たとえ女性天皇を容認しても、女性の宮家創設が認められなければ、女性皇族が皇族以外の男性と婚姻した場合、継承資格を失うことになってしまうからだ。女性天皇を制度的に安定させるためには、女性の新たな宮家の設置が重要になる。

そして、女性天皇を認める場合、男子優先にするか長子優先にするか、二つの意見がある。第五回会議で示された皇位継承ルールの典型例では、どちらのケースも含まれているため、今後の議論の焦点になるだろう。

「有識者会議」における識者の意見

ここでは「有識者会議」がヒアリングを行った八人の識者の意見を見ていきたいと思

う。これらは女性による皇位継承議論のさまざまな主張を集約したものと見ることができるので、ここで振り返るのは意義のあることである。

発言した識者は、大原康男氏（國學院大学教授）、高橋紘氏（静岡福祉大学教授）、八木秀次氏（高崎経済大学助教授）、横田耕一氏（流通経済大学教授）、鈴木正幸氏（神戸大学副学長）、高森明勅氏（拓殖大学客員教授）、所功氏（京都産業大学教授）、山折哲雄氏（国際日本文化研究センター所長）の八名である（肩書は当時）。

以下は「有識者会議」の識者ヒアリング（第六回会議・第七回会議）での意見を、「有識者会議」事務局が発言を要約・分類し、第八回会議で配布した資料をもとにしている。各発言の最後には発言者の苗字が記されている。

歴史・伝統の意義等

「少なくとも二〇〇〇年もの皇位継承の歴史をきちんと踏まえるべき。過去何回かあった皇統の危機に際し、当時の人々が叡智を出し合って克服。父祖および子孫に対する責任を考えると、そう簡単に決めてよいものか」（大原）

「これまで一度の例外もなく一貫して男系で継承されてきた。そのこと自体、確立した原理というべき。それを現代人の判断で簡単に変えていいものか」（八木）

2005年5月31日、「皇室典範に関する有識者会議」で意見を述べる横田耕一氏（右）

「千数百年以上にわたる皇位の継承は、皇統に属する皇族であることを大原則として、大まかな慣習と時々の力関係によって行われてきた。歴史に学びながら現実的にとりうる対策は、可能な限り男系男子皇族による継承維持に努めながら、万一に備え、男系女子や女系の皇族の継承も制度的に可能にすること」（所）

「現在の皇位継承の危機は、根本にさかのぼって考えると、構造的な要因が介在している」（高森）

「千数百年の歴史、伝統のある天皇制度は、儀式や行事、皇位継承の在り方など、各時代における中断、手直しをして、それぞれの時代の知恵を出し合って乗り越えて、その結果現在まで続いている。天皇が象徴であるという考え方は、日本の伝統的な考え方であり、アメリカ側から来たものではない。国民と苦楽をともにする、国民の幸福を願うなど歴代の天皇が願ってこられたことが象徴天皇の形」（高橋）

「日清戦争後に隆盛を極める国体論は、我が国を、天皇を総本家の家長とする巨大な同属集団に擬するものであった（家秩序的国体論）。戦前の我が国においては、家が社会的広範に広まっていたが、家産、家業、家名の一体となった団体である家においては、一体性の源泉である祖先の崇拝や、長幼の序の点から、家督は直系血族の長子により相続されることが望ましかった。この家社会の家督相続の理想型を体現したのが皇室であった」（鈴木）

「天皇、皇室は社会秩序を理想的に体現し、変化する社会に対応して、社会のあるべしとされた姿を象徴することによって、社会と政治の秩序の安定に寄与。現在と戦前では皇室の位置は根本的に異なるが、社会の『師表《しひょう》』という機能から見た場合の共通点は考えるべきであり、歴史の教えるところから、天皇・皇室の在り方、皇位継承の在り方を考える必要がある」（鈴木）

「伝統とは、前時代に発生したものが後の時代に選択されて残ってきたもの。新しい伝統を作るということになれば、次の世代に伝統として選択されるべきもの、次世代と価値観が共有できるものでなければならない」（鈴木）

「象徴天皇の性格として、第一に宗教的権威である象徴としての天皇の役割と政治的な権力の相互補完・相互牽制システムが歴史的に作り上げられ、社会と国家の安定に非常に大きな役割を果たし、国家と宗教システムの間の調和がとれていたことがある。第二に、皇位継承に『血統原理』と『カリスマ原理』の二つの原理が有効に働き、現実の政治・宗教制度を有効に機能させていたことがある。西洋の王位継承は『血統原理』のみであるが、我が国では『カリスマ原理』は大嘗祭儀礼として行われている。この二つの原理に支えられ、象徴天皇制の皇位継承が欧米諸国に比べ安定性を保つことができた」(山折)

「象徴天皇制と民主主義は、戦後しばらくは対立するという考え方が優勢を占めたが、両立する方向に一般の考えは変わりつつある。そういう点で、皇室における近代家族と象徴家族の在り方を統合するためにどうしたらいいかという問題意識と、象徴天皇制と民主主義をどう調和させるかという問題意識は表裏の関係を成す課題となってくる。そうした場合、皇位継承の問題がいかに議論されていくだろうかというもうひとつの問題が出てくる」(山折)

「憲法学界では、旧憲法下の天皇と現行憲法下の天皇とは別物であるとする『断絶説』と、従来の天皇が現行憲法下の天皇に続いているという『連続説』がある。断絶説では、伝統は考慮する必要はない。連続説の場合でも、伝統を憲法規範を超えて過度に重視する

ことは許されない」(横田)

皇位継承資格

【基本的考え方】

〈男系を重視すべきとの考え方〉

「男系主義の歴史的重みは大変大きく、男系維持の方策を講じることが先決。女系容認を安易に考えるべきではない」(大原)

「皇位は単純な『直系』による継承ではなく、あくまで『男系』による継承。これは歴史上確立された原理」(八木)

「対立軸は『男系』対『女系』であるはずが、『男系男子』対『女帝』と論点がずれている」(大原)

「我が国にとって未曾有の女帝(女系容認型)導入がもたらす重大な意味を正しく理解するとともに、女帝支持の世論の動向と一部の女系容認論の背景にある危険性を慎重に見極めることが必要」(大原)

「万世一系とされる皇統は男系による継承である。女性天皇のお生みになったお子様が皇位に就かれれば、皇統が女系に移り、万世一系という原理を壊す。女性は『皇位』の継承

者にはなり得ても、『皇統』の継承者たり得ない」（八木）

「過去にも直系の男子（庶系を含む）が恵まれなかった際、皇統が女系に移ることは厳しく排除し、男系の傍系から皇位継承者を得ている。一般人の感覚から見ればほぼ他人と言える大変な遠縁から継承している例もある。今上天皇の直系の御先祖の光格天皇も傍系の御出身。皇統という概念はその時々のロイヤルファミリーの独占物ではない」（八木）

「これまで男系継承を維持するため、庶系継承と傍系継承という二つの安全装置が設けられていた」（八木）

「歴代の皇位継承のうち、直系かつ嫡系による継承は三分の一しかなく、傍系、庶系により補ってきた。そのため猶子制度の活用、世襲親王家の創建、傍系継承の天皇に直系の皇女を皇后として配する等様々な工夫」（大原）

「要は優先順位の問題。男系継承の道は本当に塞がれているのか。女性天皇、女系天皇容認はその後でも十分」（八木）

「女系容認の議論に入る前に、まず旧皇族の皇籍復帰、養子制度など男系維持のための方策を講じることが先」（大原）

〈女性天皇・女系天皇を可能とする考え方〉

「過去に女系も皇統として機能し得た事実や、『養老令』（継嗣令）に女系の継承を認める規定があったという歴史的事実、また、『皇統に属する男系の男子』と規定されている皇室典範の規定から、女系も皇統に含まれ得る」（高森）

「天皇にとって本質的なことは、男性か女性かではなく、そもそも天皇は性を超えた特別な存在。大事なことは国家・国民統合の象徴として、世俗を超えた精神的な権威として公的な任務を自ら担い果たされることであり、そのような任務は皇族として生まれ育たれた方であれば、男女を問わず担い得る」（所）

「象徴天皇の皇位継承について考える時には、国民とともに、つまり国民に広く支持されているかどうかが基本。男子に固執することは、国民とともに歩む皇室という考え方に合わないのではないか」（高橋）

「象徴天皇制にとって重要だと思われる歴史的背景、その性格等々が担保されるならば、男系であろうと、女系であろうと、女性天皇であろうと構わない。それを担保するような考え方が一般的な承認を得るかどうかが問題」（山折）

「憲法二条の世襲規定は、選挙等ではなく血のつながりによって皇位が継承されるという意味であり、男系や男子への限定は世襲からは出てこない。規範的観点から見た場合、世襲の象徴天皇制度は憲法の基本的原理から逸脱しているが、解釈態度としては憲法原理

（平等原則）からの逸脱は必要最小限度にすべき。女性天皇や女系天皇を認めない合理的理由は全くなく、男系男子限定は違憲であると考える。現在の状態を前提に政策的観点から見た場合、皇位継承の安定性および世論の支持からは、女系天皇を認める政策となる。伝統への固執は世論の支持がなく、安定性においても欠けるところが大きい」（横田）

「現行の皇位継承制度は、皇統、嫡系、男系、男子、皇族という制約があり、歴史上例のない極めて窮屈なものとなっている。これが皇位継承の将来を不安定にさせている根本的な原因。その打開策は論理必然的に窮屈な皇位継承資格の制約の緩和を検討することである」（高森）

「過去の皇位継承のうち約半数は庶系継承であり、庶系継承の可能性がない場合皇位継承は極めて困難。嫡系限定という制約の緩和は、国内の状況や国際的な評価を勘案すると、現実的な方策とはいえない」（高森）

「戦後の皇室典範は庶子継承を禁じた。近代的な倫理観からは当然であるが、切実な変革であり、それでもなお継承者を男系の男子に限定することは無理な規制である」（所）

「非嫡出子の容認は全く非現実的で期待できない」（横田）

「女子の皇位継承を認めた場合、女系を認めなければ、ただ一代先延ばしするに過ぎず、男系の制約を解除せずに男子の制約だけ解除しても大きな意味はない」（高森）

「これまで男系継承が維持されてきたのは、父系継承の『姓』という観念。しかし、『姓』の観念は制度においても社会意識の上でも失われたので、男系を縛っていた最も大きな条件はもはやない」（高森）

【国民の統合力・正統性】

〈男系を重視すべきとの考え方〉

「男系主義で一貫していることが皇室による国民統合の権威の源泉となっているという認識が広く我が国において共有されてきた」（大原）

「一部の女系容認論者の中には、女系を採用することにより、皇室の正統性が壊れ、皇統断絶のための有効な一打になるという考え方がある」（大原）

「天皇制廃絶論者は、女系天皇は伝統としての歴史的正統性の問題が浮上すると指摘している」（八木）

〈女性天皇・女系天皇を可能とする考え方〉

「天皇制度が各時代に手直しや中断を経ながらも続いてきたのは、象徴天皇が支持されて国民統合の中心におられるから。がんじがらめに男系男子ということでなく、象徴天皇は

もっと間口が広く、しなやかな制度。それが国民とともにある象徴天皇を国民の八三％が支持している理由」（高橋）

「男系男子を維持し、旧皇族の皇籍復帰、養子等を認める考え方は、伝統からみても例外的であり、世論の支持は期待できず、国民統合作用も期待できない」（横田）

「女系天皇にした場合には、権威ある天皇はおそらく復活せず、親しみがある天皇という形で国民を統合する形が出てくるだろう。その場合、なぜ女系天皇を憲法原理に反してまでして置いておく必要があるかが将来問われる可能性がある」（横田）

【国民世論】

〈男系を重視すべきとの考え方〉

「世論調査では七〇、八〇％が女性天皇を支持するといわれているが、女系を採用するということに対する認識がどこまであるのか、大変疑わしい。今日の世論は女系の天皇ということの重大性にあまり気付かず女性天皇でもいいと簡単に考えているが、皇室の権威そのものも否定するような論が一方で出ている」（大原）

〈女性天皇・女系天皇を可能とする考え方〉

「八一・三％が女性天皇可としている。世論調査を援軍に女性天皇を支持するわけではないが、その数字は意識しなければいけない。これに反して男系男子ということにすると、象徴天皇に反感を抱かないかということさえ懸念される」（高橋）

【安定性】

〈男系を重視すべきとの考え方〉

「喫緊の課題は、現在の宮家の存続を図ること」（大原）

「皇位継承はそれほど差し迫った問題ではなく、今、行うべきは、男系の血筋の宮家を増やすことにより、将来の皇位継承に備えて皇位継承の基盤を充実させること」（八木）

〈女性天皇・女系天皇を可能とする考え方〉

「万々一旧宮家の男子が宮家の継承等をされても、男系限定を緩和しない限り早晩行き詰る」（高森）

「近代に庶子継承を否定したのは当然であり、今後もそれを復活することは不可であるため、男系男子のみによる皇統の永続は結局困難になる」（所）

【Y染色体等】

〈男系を重視すべきとの考え方〉

「男系男子であれば、遠縁であっても初代のY染色体を確実に継承している」（八木）

「確実に神武天皇以来の男系の血筋が維持されていることを確認できるのは旧宮家だけ」（八木）

〈女性天皇・女系天皇を可能とする考え方〉

「男系の維持が強調され、DNA、Y染色体という議論もなされているが、その仮説が仮に正しければ、国民男子のかなり広範な範囲で共有しており、国民と皇室の区別をあいまいにする」（高森）

「神武天皇の男系男子孫に『Y染色体の刻印』が伝わっていることを皇位継承の資格要件の一つとするなら、そのような男性は全国にたくさんいる」（所）

【女性天皇・女系天皇について】

〈男系を重視すべきとの考え方〉

「過去の女帝は極めて例外的な存在ですべて男系。御在位中は独身。外国の皇配殿下のよ

うな御存在は皆無」(大原)

「過去八人十代の女性天皇はすべて男系女子であり、皇位継承に関しては本命の『男系男子』が成長するまでの『中継ぎ役』。女性天皇が即位後にお産みになったお子様が天皇になられた例はない」(八木)

「継嗣令の規定は、もともと特定の『男系の男子』を想定したもので、双系主義の根拠にはなり得ない」(八木)

「明治二十二年の皇室典範制定は、確固とした皇位継承法を初めて明文で制定したものであり、画期的な意義を持つ。起草の中心となった井上毅は、①我が国の歴史・伝統を踏まえたものであること、②当時の国情や人情に照らして妥当なものであること、③当時のヨーロッパ先進諸国にも通じる普遍性を有するものであること、この三つの原則を勘案して起草している。当時女帝容認論もあったが最終的に女帝が排除された。これは、女性皇族が摂政になり得ることとするなど、井上が周到な準備をしたものであり説得力もあった」(大原)

〈女性天皇・女系天皇を可能とする考え方〉

「遠い傍系の男子が皇位を継承される際、直系の内親王とのご結婚で、それ以降の継承者

を直系に近づけるなど、過去に女系も皇統として機能していた」（高森）
「形式上明治初期まで存続していた『養老令』（継嗣令）に女系の継承を認める規定があった」（高森）
「庶系継承の復活が困難である以上、女系容認の選択肢しかない」（高森）
「継嗣令は女系継承まで容認した、又は予想したものとは考え難いが、『大宝令』『養老令』に女帝の存在が明記されていることの意味は大きい」（所）
「女性天皇になると宮中祭祀ができないというのは誤解」（所）
「女性の天皇になると、妊娠や出産等で大変で負担が大きいという意見があるが、国事行為、公的行為、宮中祭祀などいずれの点についても問題はない」（高橋）
「女性は政治に向いていないとか男性に左右されるという理由には、憲法の平等原則の例外を認める合理性はない」（横田）

【男系維持の方策（旧宮家の皇籍復帰・養子等）について】
〈男系を重視すべきとの考え方〉
「戦後の皇籍離脱は、連合国軍による軍事占領下という異常な時代状況下のＧＨＱの占領政策による異例の措置」（大原）

「昭和二十二年に皇籍離脱された旧宮家は、遠縁ではあるが、昭和二十二年まで皇族として存続。皇籍離脱は占領下の特別な事情によるもの」(八木)
「臣下の籍に降りた者が皇族に戻ったケースは過去に何例もある。ただ、皇位につかれたのは一例のみ」(大原)
「臣籍降下後皇籍復帰の例は宇多天皇以外にも過去に多数ある」(八木)
「旧宮家は遠い血統であるという説明があるが、そのうち四宮家は、明治天皇や昭和天皇の内親王様が嫁がれ、そのお血筋を引いておられる」(大原)
「旧皇族の皇籍復帰と皇族の養子制度の組み合わせで男系主義を維持するという研究がまずあってしかるべき」(大原)
「具体的方策としては、三案考えられる。①旧宮家の男系男子が皇籍に戻る。臣籍降下後皇籍復帰の例は過去に多数ある。旧十一宮家中五家に次世代の男系男子がいらっしゃる(『文藝春秋』二〇〇五年三月号)。②皇族の養子を認め旧宮家の男系男子を皇族とする。できれば内親王・女王が妃殿下として嫁がれることが望ましい。③内親王・女王が旧宮家の男系男子と婚姻された場合に限り女性宮家を立てる」(八木)
「旧宮家の復活は時代錯誤的、臣籍降下から約六十年経っているという指摘があるが、六十年は皇統の歴史から見れば短いとも言える」(八木)

「傍系出身であるがゆえに意識的に天皇らしくなさった方の例もあり、帝王学が幼いころから必要か、留保が必要」（八木）
「宮家の復活により皇族方の御公務の軽減に一役買える」（八木）

〈女性天皇・女系天皇を可能とする考え方〉
「昭和二十二年に皇籍離脱した旧十一宮家は、天皇家とは親等が遠いという事実で区分されたもの」（高橋）
「皇籍復帰や皇位継承との関連での養子は、伝統重視の立場からも問題がある」（横田）
「皇位継承資格のうち皇族であるという要件を緩和し、旧皇族の男系男子の方に皇籍に復帰していただくことは、皇室と国民の区別があいまいになるので不可」（高森）
「皇位の特質は、皇統に属する皇族在籍の方々のみが継承され、一般国民が絶対に覬覦《きゆ》（身分不相応なことをうかがい望むこと）しないこと。根本的に重要なことは、天皇の子孫として皇族身分の範囲内にあり、皇位継承者としての自覚をもっておられるかどうか。万世一系の天皇とは、天皇位が必ず皇族の籍を有する方に継承されるという意味。旧皇族の復帰を安易に認めるべきでない」（所）
「明治天皇や昭和天皇の内親王が傍系の宮家に嫁がれ、傍系の血筋を直系に近づけるとい

う配慮がされているが、女系が皇統でないならまったく無意味ということになる」（高森）

「皇籍を離脱してすでに六〇年近く経っている方を、男系男子を存続させるためにわざわざ養子にお迎えすることがはたして国民の感情に合うのか」（高橋）

「旧皇族の皇族籍復帰や養子は、当事者の意思が問題になり、また、うさん臭さが漂って受け取られる等の問題がある。皇族女子との婚姻は期待できない。さらに、世論の支持は期待できず、国民統合作用は期待できない」（横田）

【皇室の規模】

〈男系を重視すべきとの考え方〉

「喫緊の課題は現在の宮家の存続。男系維持の観点から宮家の存続を確実なものとし、この方策を先にした後に、皇位継承の問題に入っていくべき」（大原）

「今行うべきは、女性に皇位継承権を認めたりすることではなく、将来の皇位継承に備えて男系の血筋を引いた宮家の数を増やしておくことである」（八木）

「一宮家維持に必要な経費は年間五〇〇〇万円。三宮家から七宮家としてもたいした金額ではない」（八木）

〈女性天皇・女系天皇を可能とする考え方〉

「永世皇族制を前提として、三世以下については本人の意思と皇室会議の議により離脱を認めることとすべき。皇族女子も本人の意思及び皇室会議の議により婚姻後も皇籍に留まることができるようにすべき」（高森）

「宮家の将来の後継者は女子ばかりなので、一二条を改正し、皇族男子と同様に婚姻に際して宮家を立てるようにすることが必要。また、宮家の存続のためには九条を改正して養子をとるようにすべき。永世皇族制については、一一条だけではなく、あるていど具体的に何世までと決めた方がいいのではないか」（高橋）

「皇族の範囲に結婚後の女性皇族を含めた場合、皇族が多くなり過ぎると財政上の問題があるが、永久皇族制を前提として一一条の弾力的運用で処理すべき」（横田）

「養子の禁止や、女性皇族が一般男性との婚姻により皇族でなくなることは早急に考え直す必要がある。すなわち、皇族の減少を食い止めるため、女性皇族が婚姻後も皇族にとどまり宮家を立てられるようにすべき。そうすればその御子が男女を問わず皇族となる。その御子（特に男子）が継嗣のない宮家へ養子として入れば、絶家を免れ、そこに生まれる御子も皇族となることができる。こうして皇族の総数が増えれば、傍系の男性皇族が直系の女性皇族の結婚相手になる可能性も出てくる」（所）

「女性天皇や女性宮家に旧宮家の男子孫の入婿を期待したい。皇室から分かれたことが明確な方やその子孫は、あえて申せば新しい『皇別』として、皇族に準じる名誉と役割を認められ、自覚を持って生活されることが望ましい」（所）

「女性天皇や女性皇族の配偶者の扱いは、現在天皇や男性皇族と婚姻する女性の扱いが問題となっていないことと同じく、問題にする余地はない」（横田）

女性天皇・女系天皇を可能とする場合の皇位継承順位

【長子優先】

〈安定性など〉

「長子優先がきわめてわかりやすく、シンプル。いったん長子ということを決めれば、安定したやり方」（高橋）

「この四十年来男子が生まれなかったことを考えると、男子優先、女子も可というのは、非常にうまくまわるシステムではないのではないか」（高橋）

「男系男子優先は、不安定かつ複雑で、世論の支持が難しい。男子優先はきわめて複雑かつ不安定で、男子優先の必要があるのか疑問であり、世論の支持が難しい。兄弟姉妹間で男子優先は、明確ではあるが不安定で、男子優先の必要があるのか、世論の支持があるか疑問。直系・長系は安定しわかりやすい。ただし、『帝王教育』の必要性は重視すべきでない。世論の支持は比較的あろう」（横田）

〈御活動との関係〉

「女性の天皇になると、妊娠や出産等で大変で負担が大きいという意見があるが、国事行為、公的行為、宮中祭祀などいずれの点についても問題はない」（高橋）

〈親近感等〉

「国民全体が、次の天皇はこの方だというような親近感が一番大事。それが、男子優先ではいつまでたってもなかなか決まらないことも考えられる。最初のお子さんだと、お育てする側にしても、お躾《しつけ》といったものに対しお考えができよう」（高橋）

【男子優先・男子先行】

〈伝統・御活動との関係〉

「直系優先で、兄弟姉妹間で男子を優先すべき。その理由は、過去男子の天皇が圧倒的に多いこと、天皇の御公務と女子の肉体的・生理的条件との兼ね合い」（高森）

「女性の皇族には結婚に伴い懐妊・出産・育児といった大役が予想され、実際上は男性皇族が率先して天皇の任務を引き受けられるようにすべき。古来の直系・長系・近親を優先する原則のもとに、『男子優先』というより『男子先行』の原則を加えるべき」（所）

二〇〇五年「有識者会議」の報告書

「有識者会議」は、二〇〇五年十一月二十四日に、それまでの議論を踏まえた上での「報告書」を小泉純一郎首相（当時）に提出した。

その内容は、世襲による継承を安定的に維持することをめざすため、「女性天皇」や、母方の祖母だけに天皇の血筋を引く「女系天皇」を認め、皇位継承順位は男女を問わずに「長子（第一子）優先」とするのが適当であるというものだった。

安定的で望ましい皇位継承のための方策として、報告書では、皇位継承資格、皇位継承順位、皇族の範囲などについて触れている。その要点を見てみよう。

「皇位継承資格」については、男系男子という要件を見直し、女子や女系の皇族にも拡大することが適当であるとした。現在の『皇室典範』は、皇統に属する、皇族である、嫡出子である、男系男子である、という四つの要件が課せられているが、この四つを同時に満たすことは、極めて困難である。そこで、有識者会議では、憲法に戻り、可能な道を探った。憲法において規定されている皇位の世襲の原則は、天皇の血統に属する者が皇位を継承することを定めたもので、男子や男系であることまでを求めるものではなく、女子や女系の皇族が皇位を継承することは憲法の上では可能であると解されている。女子や女系の皇族にも皇位継承資格を拡大することは、世襲継承という基本的な伝統にも合致し、かつ多くの国民の賛同を得られると判断した。

「皇位継承順位」については、天皇の直系子孫の中で、長子を優先することが適当とした。有識者会議では「長子優先」と「兄弟姉妹間男子優先」の二つで議論になったが、比較すると、「兄弟姉妹間男子優先」の場合、男女の出生順によっては皇位継承順位に変動が生じ得ることとなり、国民の期待やご養育の方針が定まりにくいという結果をもたらす。これに対し、「長子優先」の場合、出生順に皇位継承順位が決まることから制度として分かりやすく、ご養育の方針なども早期に定まるという点で優れているとした。

「皇族の範囲」については、将来の皇位継承資格者の存在を確実にするために、永世皇族制度を採用するのが適当とした。現『皇室典範』では、皇族女子は天皇及び皇族以外の者と婚姻したときは、皇族の身分を離れることとされているが、女子が皇位継承資格を有することとした場合には、女性皇族は結婚後も皇室にとどまる必要がある。

また、それにともなう皇族の規模の調整として、皇籍離脱制度についてもふれている。やむを得ない特別の事由があるとき、皇室会議の議により、皇籍を離脱する制度については、現行制度と同様、親王、内親王、王、女王すべてについて可能とすることが適当であるとした。現行制度では、皇太子及び皇太孫については、皇籍離脱制度が適用されていないが、今後は、女子の皇太子及び皇太孫についても、同様の制度とする必要があるとしている。

以上のような内容の報告書がまとまり、当時の小泉首相は『皇室典範』改正に向けた法案提出をめざした。

しかし、二〇〇六年に秋篠宮家に悠仁さまが皇室の約四十年ぶりの男子として誕生されたことから、法案提出は見送りとなり、議論は立ち消えになった。

その後、二〇一一年十一月には、民主党の野田政権は女性皇族が結婚しても皇族の身分に留まれるようにする「女性宮家」の創設を検討課題とする考えを表明した。その後、二〇一二年十月に当時の野田内閣が公表した論点整理は、女性宮家を創設して結婚後も皇族として残ってもらう案と、国家公務員にして公務に携わってもらう案の両論を併記する内容であった。しかし、二〇一二年末の衆院選で自民党が政権をとり、安倍政権が誕生すると議論は下火になった。そして、その後はほとんど議論がされないまま、二〇一六年の生前退位問題を迎えることになったのである。

■鈴木邦男の視点■　『皇室典範』なんていらない——不敬なる想定問答集

「有識者会議」は、一部には女帝容認のための会議だ、と言われているが必ずしもそうではないようだ。専門家を呼んだヒヤリングでも、女帝に対し賛否両論、真っ二つに割れている。「男系男子を堅持する」と「女性天皇を認める」の二つだ。ただ、どちらも皇位継承の危機感から生じたものだ。後者はもちろん、『皇室典範』の改正が必要だ。前者も、男子が生まれなければ元宮家の人を養子にと言っている。これも『皇室典範』の改正が必要だ。

国民の世論調査では八割以上の人が女帝容認だ。反対派の専門家は「安易に世論に迎合してはならない」と言う。僕は『皇室典範』なんかいらないと思うし、この議論を基に天皇陛下に決めてもらえばいいと思っている。

この「有識者会議」の論議でよく分からないのは「Y染色体」という言葉だ。

DNAとも言っている。八木秀次さんが言っている。「神武天皇のY染色体を継承している男系男子でなければ」と言う。しかし一般の人にはピンと来ないだろう。「でも神武天皇って本当にいたの?」と疑問に思う人も多いだろう。僕も神話の天皇だと思っていたので驚いた。実在・非実在を超えた日本のロマンだと思う。それがある時から実在の天皇になる。素晴らしいことではないか。それがDNAやY染色体になると、そんな科学的に証明できることなのかなと思ってしまう。

その仮説が仮に正しいとしても、Y染色体は日本国民にかなり広く共有されていると、高森明勅、所功両氏は言う。そうなんだろう。ここでまた、極論を言う。「かなり広く」ではない。日本人すべてがそうだと僕は思う。我々一人ひとりだって、さかのぼったらみんな天皇にたどり着くということだ。四代さかのぼったら二百年前になる。そして四十代さかのぼったら二千年前になる。そうすると、みんな天皇になる。いや、皇紀は二千六百年以上か。その年に神武天皇が即位したという。じゃあ、五十二代さかのぼれば、われわれも神武天皇に行き着く。そういう計算になる。

荒唐無稽な話ではない。昔、源平の争いがあったが、両者とも天皇の血筋を引く者だ。Y染色体を色濃く持っている。源氏は清和源氏といった。清和天皇の流れをひく。平氏は桓武平氏といった。桓武天皇の流れをひく。清和天皇も桓武天皇も歴史上、影が薄いが、源氏と平氏を生んだということで有名になった。源平の争いも、つまるところ天皇の末裔の内ゲバのようなものか。

戦国時代の武将の家系図を見ても、みんな、はじまりは天皇になっている。家系図作りのプロがいて、作ったという。今だって僕らが家系図を作ってもらったら、はじまりはみんな、天皇になる。もし第三次世界大戦か宇宙戦争が起きて、日本人が全部絶滅したとする。そうしたら日本も皇室も消える。一人だけ生き残ったら、その人が天皇になる。それがあなたかもしれない。

いや、日本人が全滅しても、外国にはいるかもしれない。外国に住んでいる人もいるし、国際結婚している人もいる。その中から天皇になる人もいる。やっぱり皇統連綿だ。

話が変わる。「有識者会議」の中の所功さんの次の発言は興味深かった。

「天皇にとって本質的なことは、男性か女性かではなく、そもそも天皇は性を超えた特別な存在。大事なことは国家・国民統合の象徴として、世俗を超えた精神的な権威として公的な任務を担い果たされることであり、このような任務は皇族として生まれ育たれた方であれば、男女を問わず担い得る」

明快だ。だったら女帝でもいいし、長子（第一子）継承でもいい。タイの国王は自ら次の継承者を決める。日本もそれでいいと思う。所さんの発言には興味があったので、著書『近現代の「女性天皇」論』（展転社）を買って読んだ。いい本だ。「皇位継承の万全を期するために」と帯には書かれている。その言葉通りの本になっている。巻末に参考資料が載っている。その中に法制局『皇室典範案に関する想定問答』（一九四六年十一月作成）が載っている。これを読んで驚いた。こんなことを考えているのか、と思った。これこそ不敬ではないか。皇室を守るといいながら、彼ら（役人）こそが皇室を最も軽んじ、蔑《ないがし》ろにしてるのではないか。そう思った。

例えば、皇位継承の順位である。「精神的若しくは身体の不治の重患があり、または重大な事故があるとき」は皇位継承の順序を変えることができると第三条に書かれている。「精神の重患」については前に書いた。その次の「重大な事故」とは何かと問われて、こう答えている。

「天皇の地位につかれることが適当でないと考へられる種類及び程度の非行乃至《ないし》重大過失をいふものと考へてゐる。失踪の如きも場合によっては含まれるものと考へる。いづれにしても、不治の重患と同様に、殆んど絶対に回復すべからざる事故を考へている」

ひどい話だ。天皇になろうという人が非行をするかよ、失踪するかよ、と声に出して怒鳴ってしまった。その辺の非行少年の話じゃない。おそまつな想定だ。もしそんなことがあったら皇室はすぐにつぶれている。次だ。

問三六　わが国では、皇位継承争ひの起る虞《おそれ》はないか。

答三六　典範はその争ひの生ずる余地のないやうに規定することが必要である。しかし、もとより法律だけでは、その発生を完全に防止できるわけのものではないが、わが国の現状ではその虞はないものと思ふ。天皇の地位が象徴になったことも、その防止に貢献するものと思はれる。

これもひどい。この前は「非行」「失踪」だし、今度は「争ひの防止」だ。まるで尊敬という念がない。非行者を監視しているようじゃないか。象徴天皇制も、争いの単なる防止策としか位置づけられてない。次に退位の問題だ。

問四〇　天皇生前の退位を認めない理由如何。

答四〇　退位を認めるとすれば歴史上に見るが如き上皇、法皇的存在の弊を醸す虞があるのみならず、必しも天皇の自由意志に基かぬ退位が強制されることも考へられる。又退位が国会の証認を経ることにしても、天皇の地位にある方が、その立場の自覚を欠いて、軽々に退位を発意され得ることにすることも面白からぬことである。要するに天皇の地位を政争や（権勢の争や）恣意或は人気の如きものから超越したものとして純粋に安定させるためには、退位の制を認めないことにするのがよいと考へる。天皇に重大な故障があるといふ場合には、摂政をおくことによって凡そ解決できる。

前にも触れたが、僕は退位は認めてもいいと思う。政府に退位を強制されるなんてことはない。また、上皇、法皇になって権力をほしいままにするということもない。時代が違うし、天皇にそんな権力はない。でもここでは、政争や人気とりから退位してもらっては困る、と注文をつける。また、天皇が軽々しく退位なんかされちゃ困るともいう。こんなことを軽々しく言う法制局の人間の頭の中を疑う。もし天皇がそんな軽々しいことをしたら、国民はすぐに見放す。天皇制もなくなる。「この地位は、主権の存する日本国民の総意に基く」と憲法第一条に書かれている。国民の総意が見放したら天皇制もなくなる。

それに、そんなことは絶対にない。にもかかわらず、「非行」したらどうしよう、「失踪」したらどうしよう、軽々しく「退位」したらどうしようと最悪のケースばかりを考えている。こんな役人はいらないよ。実は、さらにひどいことを言っている。この「答四〇」に続く部分だ。

なほ、天皇の地位が統治権の総攬者から、象徴に移ったことも、退位の必要性を減ずるものである。将来野心のある天皇が現はれて、退位して後、例へば内閣総理大臣となり政治上の実権を壟断することも予想できぬことでなく、かやうな例について考へれば、天皇の生前退位を認めることは、かへって改正憲法第四条第一項後段の趣旨を骨抜きにするおそれがある。

よくもここまで「最悪の事態」を考えたものだと驚く。憲法第四条は「天皇の権能の限界、天皇の国事行為の委任」で、第一項目はこうだ。

この憲法の定める国事に関する行為のみを行ひ、国政に関する権能を有しない。

生前退位を認めると、「野心のある天皇」が退位して、首相になり日本の政治を支配するかもしれない。だから退位は認めてはならないと言う。天皇をまったく信じていない。馬鹿にした話だ。そんなことになったら、国民の支持も失い、天皇制もなくなる。

官僚たちのホンネ

こうしたくだらない、不敬な「想定問答」だが、これが『皇室典範』を奥底で支えているホンネの思想なのだ。ちょっと目を離したら、天皇候補者は「非行」するし、「失踪」する。天皇になっても、自覚のない人が軽々しくやめるかもしれない。野心満々の天皇は、やめて選挙に打って出て首相になるかもしれない。そうなったら元天皇が国政をやることになる。憲法違反になる。だから、そんな不心得な天皇が出ることのないようわれわれが監視し、『皇室典範』でがんじがらめに縛っているのだ。そんな意図が見えるではないか。これじゃ、徳川時代の「禁中並公家諸法度」と同じだ。やはり、『皇室典範』なんかいらない。

ここで思い出した。昔、僕らが右翼学生運動をやっていた時、「君民共治」という言葉を聞いたことがある。スローガンだったのかもしれない。ユートピア的な思想だ。天皇が統治者で国民は被統治者の関係ではない。共に政治をやる、という。そんな時代があったわけじゃない。理想だ。だとするならば、これからが「君民共治」の思想を実行できるかもしれない。

日本の政治は政府がやる。民主主義で選ばれた国会議員がやる。一方、天皇は元首ではないから政治には一切タッチしない。国家の祭祀を行ない、国家の文化的・象徴的面を行なう。お互い干渉しない。天皇は存在してくれているだけでありがたい。だから、皇居でどんなお祭りをするか、世継ぎは誰にするか、どこに行きたいのかを含めて完全に自由にしてもらう。それこそが現代の「君民共治」ではないのか。そんなことを考えた。

第八章　日本国憲法と象徴天皇制

天皇陛下の祈り

二〇〇五年（平成十七）六月二十八日、天皇皇后両陛下の姿は、米国自治領北マリアナ連邦のサイパン島のスーサイド・クリフにあった。

そこは海抜二百四十九㍍のマッピ山北にある断崖で、眼下には太平洋の果てしない青が広がる。しかし、絶景とは対照的にそこには悲惨な歴史が刻まれている。サイパン島は太平洋戦争の激戦地であり、戦火に追われたたくさんの日本兵と民間人はこのスーサイド・クリフに身を投げ、命を落としていったのである。

スーサイド・クリフに立った両陛下は、険しい表情を崩すことなく黙礼した。

今回のサイパンとへの訪問は、両陛下の強い希望で実現した初めての慰霊目的での外国訪問であった。

その後、両陛下はサイパン最北端のマッピ・ロードの終点にあるバンザイ・クリフに訪れ、黙礼をささげた。バンザイ・クリフという名前は、アメリカ兵に追い詰められて逃げ場を失った日本兵や民間人が、「バンザイ」と叫びながら海に身を投げたことに由来している。

「戦後六十年がたって、やっと戦後が終わった――」

黙礼を奉げる両陛下の姿を見て、ある遺族はこのように漏らした。

パラオ・ペリリュー島の「西太平洋戦没者の碑」に花を手向け、一礼される天皇皇后両陛下。（2015年4月9日。P23参照）

その後、両陛下は車でホテルへ向かったが、その途中、車を降りた。当時の在住邦人の大半を占めた沖縄出身者のための「おきなわの塔」と韓国出身者の「韓国平和記念塔」にも立ち寄って、黙礼するためだった。

この慰霊は事前には公表されていなかったが、前日に最終決定したという。宮内庁は「陛下の気持ちに基づき行われた」とし、天皇本人が慰霊塔訪問を希望したことを示唆した。また、「この一帯にたくさんある様々な碑に敬意を表すべきだと考えていた。この二つの碑も慰霊できればよいと思っていたが、早く公表することで状況が複雑になるのではと心配していた」と説明した。

両陛下の当初の予定にはなかったこの訪問は、神社参拝問題、竹島問題、教科書問題などで政治的な側面で緊迫していた日韓関係を少し和らげたようだ。

韓国の『中央日報』の報道によれば、平和塔を管理する追悼事業会のイ・ヨンテック会長は、この訪問について「小さなことだが、それ自体に意味がある」と語り、「今回のことが日本国民の過去史反省と戦争被害遺族に対する補償などの契機になることを望む」と付け加えた。また、太平洋戦争犠牲者遺族会のヤン・スンイム会長は「天皇がどんな姿勢で平和塔を訪問したかは知らないが、心から贖罪したのなら、韓国人犠牲者の問題も解決してくれることを願う」と語ったという。この天皇皇后両陛下の慰霊の旅は、結果として日韓両国の問題にプラスに働いたようだ。

今上天皇は、二〇〇四年（平成十六）十一月には新潟中越地震の避難所をお見舞いに訪れている。そこには、被災者の人々の前にひざまずき、励ましの言葉をかけられている。さかのぼれば、一九九五年（平成七）の阪神淡路大震災の際も両陛下は現地にお見舞いに行かれ、被災者の前に正座をし、話を聞かれている。

日本国憲法によれば、天皇の地位は日本国民の象徴である。その地位は直接的に政治に関わることはない。今上天皇の行為は、通常の政治的権力とは別の基点から発せられている。

しかし、政治権力とは切り離された場にあるからこそ、さまざまな政治的行為からこぼれおちているものを拾い上げているのではないか。

今上天皇の被災地へお見舞いで被災者の前にひざまずき、同じ目線で向きあい話をされる天皇を見て、吉本康永氏は自著の中でこう述べている。

「天皇」と「皇后」が、無理をするふうもなく、いたって自然に「民衆」の中に入り込み、和気藹々《わきあいあい》とお話をし、被災者の前では、同じく無理なく自然にひざまずく姿は、戦後の「象徴天皇制」という言葉の、また「開かれた皇室」という言葉の最高の到達点なのではとさえ思えました。〔吉本康永『ひざまずく天皇』〕

一九九〇年（平成二）十一月十二日、「即位礼正殿の儀」において、今上天皇は次のように述べられている。

「御父昭和天皇の六十余年にわたる御在位の間、いかなる時も、国民と苦楽を共にされた御心を心として、常に国民の幸福を願いつつ、日本国憲法を遵守し、日本国および日本国民統合の象徴としてのつとめを果たすことを誓い、国民の叡智とたゆみない努力によって、我が国が一層の発展を遂げ、国際社会の友好と平和、人類の福祉と反映に寄与することを切に希望いたします」

今上天皇は戦後、皇太子時代が長かった。よって、昭和天皇と比べられることも多く、ご即位された当時は軽い印象を受けた国民も少なからずいたという。しかし、どうだろうか。現在、今上天皇の天皇としての個性は確固たるものになっているように感じる。今上天皇は、近代天皇の中でも祭祀に時間を割く時間が特に大きく、祈りに対する姿勢は相当なものだという。私利私欲とは無縁のところで、平和を願う姿は、即位時から象徴天皇としての立場をまっとうしてたどりついたものであり、他に例がない「象徴天皇」というものの姿を、国民に示しているのではないだろうか。

象徴天皇制のゆくえ

二〇〇五年の『皇室典範』改正議論の論点は、「皇位継承をこれからどうしていくのか。男系を厳守していくのか、それとも女系も容認するのか」というものだ。しかし、男系男子による継承を続けるにも、女性天皇・女系天皇を認めるにも、皇位継承制度を大きく変えることになり、戦後に始まった象徴天皇制のありかたに影響を与えることになるだろう。この議論をつきつめていくと、「戦後に始まった象徴天皇制をこれからどうしていくのか」という問題にたどりつく。
象徴天皇は、戦後の『日本国憲法』に規定されている。
この「象徴」という言葉が最初にできたのは、『日本国憲法』のGHQ草案である。

第一章　皇帝

第一条　皇帝ハ国家ノ象徴ニシテ人民ノ統一ノ象徴タルベシ。彼ハ其ノ地位ヲ人民ノ主権意思ヨリ承ケ之ヲ他ノ如何ナル源泉ヨリモ承ケズ

マッカーサーは天皇を排除すれば日本国民は瓦解するだろうと判断し、逆に天皇を存続させることによって日本の民主化を図った。しかしそのためには、現御神《あらつきかみ》というイメージを払拭して人間的な天皇に変えることが必要だった。

そのために、国家神道の解体による国家と宗教の分離、天皇が神格を否定する人間宣言がなされ、憲法改正へと進んでゆく。GHQ自らが作成した憲法案において、「象徴」という概念で天皇を規定したのである。

こうして、『大日本帝国憲法』の第一条「大日本帝国ハ万世一系ノ天皇之ヲ統治ス」という天皇に統治大権のある政体、すなわち「国体」という概念が消滅し、天皇は『日本国

憲法』の第一条によって規定されることになる。

第一条　天皇は、日本国の象徴であり日本国民統合の象徴であって、この地位は、主権の存する日本国民の総意に基く。

しかし、天皇の歴史の中で、軍服を着て統治大権をもっていた天皇の姿は、明治から昭和にかけての一時期のものでしかないことを認識するべきだろう。

今上天皇は皇太子時代の一九七八年（昭和五十三）に次のように述べられている。

「天皇は文化といったものを大事にして、権力がある独裁者というような人は天皇の中には非常に少ないわけですね。そういった特色が長い間あるわけです。この象徴というものは決して戦後にできたわけではなくて、非常に古い時代から（天皇は）象徴的な存在だったと言っていいと思うんです」

これは日本において天皇が連綿と存続してきた理由でもある。かつて、天皇は政治権力から遠いところに存在しており、天皇の役割は神と関わる宗教上の権威のようなものであった。天皇自身は権力を執らず、実際に政治を動かすのは、武家であったり、天皇の弟や息子であったりした。自ら政権を執行した天武天皇や持統天皇などは、例外的な天皇の姿である。さらに、明治期から昭和初期にかけても、政治の中心にあったのは天皇ではなく、内閣の大臣などが担当していたという見方もできる。

1990年11月22日、平成の大嘗祭での今上天皇

今上天皇は一九九八年（昭和六十三）の会見ではこう語られている。

「天皇の活動の在り方は、時代とともに急激に変化するものではありませんが、時代とともに変わっていく部分があるのは事実です。私は昭和天皇のお気持ちを引き継ぎ、国民と社会の要請、国民の期待に答え、国民と心をともにするよう努めつつ、天皇の務めを果たしていきたいと考えています」

これは今上天皇の象徴天皇としての決意とも受け取れる。今上天皇の在り方に「時代とともに変わっていく部分」があるならば、それは「時代と国民と社会の要請に答える」という形でつくられていくだろう。われわれは天皇にたいして、いま何を望んでいるのだろうか。また、これ以上、天皇に何かを望んでもいいのだろうか。

天皇は「元首」か

二〇〇五年(平成十七)一月二十日に、中曽根康弘元首相が憲法改正試案を公表し、第一条で天皇を「元首」と規定した。

第一条　天皇は、国民に主権の存する日本国の元首であり、国民統合の象徴である。

「元首」とは、国際法上、外国に対して国を代表する者のことであり、最も格式の高い役割が与えられている立場である。一般的に君主国では君主、共和国では大統領が国の元首になる。

旧憲法で「国ノ元首ニシテ統治権ヲ総攬《そうらん》シ」、とくに外交関係において「戦ヲ宣シ和ヲ講シ及諸般ノ条約ヲ締結ス」と定められていた天皇は名実ともに元首と言えた。新憲法は

「憲法の定める国事に関する行為のみを行い、国政に関する権能を有しない」と規定された。『日本国憲法』には「元首」という規定はなく、「象徴」という表現にとどまっている。

「象徴」とは、元来は元首のように「地位」を指す語ではなく、元首が果たしている「機能」を説明する語である。しかし、天皇が外国を訪問される際や、外国からの国賓を接受される際に、相手国は天皇が日本の元首であるとの認識を持っていることから、「天皇を『元首』と規定するべきではないか」という議論がある。

戦後において、「天皇は元首かどうか」をめぐる発言はあった。

それは国会論戦の中にも見ることができる。一九七三年（昭和四十八）六月七日、衆議院内閣委員会（七十一回国会）において、「天皇は元首の要素をもっているものがあるのか」という質問に対し、当時の田中角栄内閣総理大臣（当時）はこう答えている。

「世界に例のないような憲法の条文でございますが、国民統合の象徴としての天皇をいただいておる。そういう意味で、外国使臣を接受せられるというようなことも十項目の中にはあるわけでございます。しかし、それら一切の責任というものは行政府、内閣の責任であるという免責規定もございますが、しかし、いずれにしても外国から考えると、日本の天皇は元首である、こういうふうに見ておることは事実でございます」

続けて述べられた吉田一郎内閣法制局長官（当時）の回答はこうだ。

「昔のように、元首とは内政、外交のすべてを通じて、形式的にも、また実質的にも国を代表して、それから行政権を掌握している、少なくとも三権のうちの行政権を掌握しているというのが従来の古い元首観念の定義であっただろうと思います。現在の憲法のもとにおきましては、そのような定義に照らすならば天皇は元首ではないことは明白でございます。

しかし他方、最近の学説では、対外的に国を代表する地位を持っているものの、あるいは、実質的には国家統治の大権は全くないけれども、形式上の姿といたしまして、国家におけるいわゆるヘッドの地位にあるものを元首とするというような学者の見解もございます。そのような見解にしたがいますならば、天皇は、先ほど来いろいろ議論がございましたように、国の象徴であるという面をもっておられること、これはもちろんでございます。さらに一部には、外交関係に関連して、国を代表する地位、外国の大公使を接受するということが天皇の国事に関する行為の一つとしてあげられております。そう面をとらえますならば、天皇は現在の憲法のもとでも元首といってもいいではないかというような考え方もあり得ると思います」

また、一九八七年（昭和六十二）九月二十二日、石原慎太郎運輸相（当時）は記者会見で、昭和天皇のご病状について述べる中で、「天皇陛下は元首でもあるが、それ以上に、国民のおとうさんみたいなものだ」と述べている。

衆議院憲法調査会での「元首」議論

衆議院では「日本国憲法について広範かつ総合的な調査」を行うため、二〇〇〇年（平成十二）一月二十日に衆議院憲法調査委員会を設置した。ここでは二〇〇五年（平成十七）二月二十四日まで五年あまりの間、調査が行われてきた。

天皇の地位について主に議論されたのは二〇〇五年（平成十七）二月三日の憲法調査会である。この中で、天皇の地位について、天皇を元首と認識すべきかどうかについて議論が行われた。憲法調査会の資料をもとにその主張の要旨を見てみることとする。「天皇を元首と認識すべきではない」という意見をいくつか列挙しよう（政党名は当時）。

土井たか子氏（社民）

「一条前段の天皇の象徴の機能は、一条後段の国民主権原理に対応して新たに創設されたものであり、明治憲法下の君主としての天皇制に内在していた象徴を存続させたものではない。その意味で、日本は、ある種の共和政体であり、天皇は、君主としての元首とはいえない」

山口富男氏（共産）

「行政府の長であり、国を代表する機関としての元首は、内閣総理大臣がこれに該当するのであり、天皇を元首として規定することには、歴史的経緯からみて反対である」

池坊保子氏（公明）

「天皇を元首と明記するか否かという問題は、憲法制定時の議論に尽きているのではないか。すなわち、元首という言葉を用いれば、国民が天皇の地位を必要以上に権力的に考えるおそれがあるが、象徴という言葉にはそのような連想がないというものである」

船田元氏（自民）

「天皇は、国際的には事実上の元首と認識されているが、四条一項で国政に関する権能を有しないとされていることから、元首と明記することには慎重であるべきである」

高木陽介氏（公明）

「象徴天皇制の規定は、国民主権・基本的人権の保障の原則との調和を考慮して制定されたものであり、現在の精神的支柱・象徴としての天皇の位置付けがふさわしい。元首とすることは、かえって国民に定着している象徴としての認識が薄められるおそれがある」

鹿野道彦氏（民主）

「（a）元首は対外的な代表権を有しているが、天皇が行っているのは単に認証と接受であること、（b）現在では、諸外国においても元首の地位は名目化していること、（c）天皇は、実質上の元首とみなされていることから、あえて『元首』と明記する必要はない。むしろ、そのことにこそ意味がある」

これらの意見に対し、「天皇は元首である」という意見には、以下のようなものがあった。

葉梨康弘氏（自民）

「憲法の制定経緯や条文の建て方から、天皇が、（a）我が国を代表する存在、（b）権威の中心としての地位を有することは明らかである。憲法改正によって、国民主権を一条に掲げ、天皇については二条以下に持ってくるという構成をとるのであれば、天皇の元首性について明記する必要がある」

保岡興治氏（自民）

「天皇は、国民全体の長い歴史の中でつくられた権威として、歴史的に国民の平和や幸せにつながる貢献をしてきた。この歴史的事実を考え、憲法の冒頭には、天皇は我が国の元首であり、歴史・伝統・文化及び国民統合の象徴として我が国の平和と繁栄と幸せを願う存在であるという『国のかたち』として定めるべきである」

元首とするのであれば「象徴としての元首」という新しい定義付けをすることを強調する意見もある。

園田康博氏（民主）

「『元首』という言葉の持つマイナス・イメージは、それが旧憲法を連想する点にあると思われる。従来のような元首ではなく、『象徴としての元首』という新たな定義付けを行うべきである」

この他にもさまざまな意見があったが、意見をまとめた憲法調査会の報告書によると、元首である旨を明記する必要はないとする意見が多く述べられているという。

まとめると、天皇が元首である旨を明記する必要はないとする意見の論拠には以下が挙げられた。

（一）国政に関する一切の権能を有しないという天皇の現在の地位からするとその旨の規定は困難であること

（二）国民の大半が現在の象徴天皇制に異議を述べていないこと

（三）元首と明記しないことが象徴天皇制にふさわしいこと

これに対し、天皇を元首と明記すべきであるとする意見の論拠には、天皇は現に元首であると認識し得るから、これを明確にすべきであるというものであった。

このような元首論に関して、天皇陛下ご自身は「天皇は元首である」という意見に対してどう思っておられるのか。無論、天皇陛下がその考えを表明することはないだろう。天皇は日本国民の中で唯一の「象徴」という存在であるからだ。しかし、天皇という存在を敬いながらも天皇陛下の想いをないがしろにしているのであれば、まさに君臣の奸である。

もし、天皇陛下が「天皇が元首であること」を望んでいないとすれば、天皇が不在のまま、天皇を中心としたナショナリズムが生れてくるのではないか。

天皇という立場は役割であるから、天皇陛下自身が何をお考えになっているかを考えなくとも政治システムは機能するという意見もある。

しかし、これからの天皇制を考える時、天皇陛下がイメージする天皇像というものを想像する必要があるではないだろうか。もちろんそれは天皇陛下のお気持ちに従って天皇制を構築すべきという意味ではない。

すなわち、国内で天皇は象徴か、それとも元首かという議論が起こっている状況では、諸外国に対して天皇の存在を理解してもらうことは難しいだろう。現在の意見の多数は象徴である。しかし、諸外国にとって「象徴」という立場はそもそも理解しにくいものである。象徴にこだわるのであれば、「象徴」の意味を日本人が作り上げなくてはならない。

不自由な天皇と天皇への敬意

象徴という立場の天皇は、とても不自由なものである。

『日本国憲法』第二条には「皇位は、世襲のものであって、国会の議決した皇室典範の定めるところにより、これを継承する。」とあり、現『皇室典範』第四条には「天皇が崩じたときは、皇嗣が、直ちに即位する。」とある。

このように皇位継承と即位については明確に規定されている。しかし、天皇が「天皇を退位したい」と望んだ時はどうなるのか。天皇の退位について、憲法学者の奥平康弘氏は自著の中で「皇位継承は、天皇の死去のみを原因とし、したがって、天皇は生きている限り天皇であり続けるのであって、生前退位ということはあり得ないことを含意している」と述べている。

同じように、皇太子や皇太孫を含む親王にも退位の規定がないゆえに、皇籍を離脱できないと解釈されているという。

だとすれば、日本国民が辞める意思すら認められない役割を天皇や皇族に押し付けているという論理が成り立ってしまうのだ。

奥平氏は、皇族の身分離脱の自由について、以下のように主張している。

私は、現実上ありえないとして葬り去られている運命にあるが、憲法理論としては、天皇・皇族には究極の「人権」として「(自由剝奪的な身分からの)脱出の権利」が保障されねばならない、と考えている。かれらに与えられる「脱出の権利」は、かれらが「ふつうの人間」に立ち戻るための、あるいは「ふつうの人間が享有する、ふつうの人権」を自らも享有するための「切り札としての〝人権〟」に他ならないと言う立場をとる。〔奥平康弘『「萬世一系」の研究』〕

二〇〇五年の皇位継承問題は、雅子さまのご体調についての報道から過熱していったが、天皇の退位に関連して、もし、雅子さまが離婚したいと申し出た時はどうなるのか。天皇の退位規定と同じように、規定がないのであれば離婚できないという解釈もあるが、社会学者の宮台真司氏は次のように述べている。

陛下と殿下は皇室典範的には離婚できないと言われます。退位の規定も皇室典範に存在しないので退位できないなどと言われます。何たる勘違い。本人が「私は退位する」とか「離婚する」と宣言すれば終わりです。私たちは法律に規定があるので「離婚する」と宣言しただけでは離婚できませんが、法的規定がないのなら宣言すればそれで終わりです。〔『創』二〇〇四年九・十月号〕

天皇の退位の自由、雅子さまの離婚の自由、それぞれにさまざまな解釈がある。ここでその回答を求めることはしないが、一般国民が普通に持っているさまざまな自由を、天皇をはじめとする皇族の方々は、簡単に享受できない立場にあることは忘れてならない。これを意識しなければ、天皇や皇室への敬意のつもりで行っていることが、逆に皇族の方々に大きなプレッシャーとなる可能性がある。今回のお世継ぎ問題にしてもこれに当てはまるだろう。宮内庁の中でも、「天皇家のため」という名分で男子の誕生を望んでいたのかもしれないが、結果としてそれは裏目にでている。天皇や皇室への敬意があるとすれば、その質は国民が想像する以上に変化しているのではないか。

また、皇族の方々を不自由にしているのは誰か、という問題を考えなければならない。戦後、象徴天皇制という制度で日本はなんとか機能してきたが、それは「象徴」というあいまいなものを、国民が天皇に負わせている側面があるのではなかろうか。

そして、象徴天皇制について議論する上で、「天皇がいなくなる日」を想像すべきではないだろうか。それは国民の側から天皇制をなくすということではなく、天皇の意思でいなくなってしまう時のことである。もちろん、現行の規定ではそんなことはありえないだろう。しかし、退位の自由がない天皇陛下の存在によって、象徴天皇制が成り立っている事実を意識すべきだろう。

■鈴木邦男の視点■　最後は陛下にお任せを――皇室の幸せに向けて

「涙が出た。感動した」と言う人が多かった。二〇〇五年、天皇皇后両陛下がサイパン島を訪れ、「バンザイ・クリフ」で黙禱を捧げた。また、「おきなわの塔」や「韓国平和記念塔」にも立ち寄って黙禱を捧げられた。両陛下の強い希望だったという。「やはり天皇陛下だ。小泉とは違う」「皇室があってよかった」と言う人が多い。

当時の小泉首相はアメリカには言いなりのくせに、中国、韓国にはムキになって喧嘩していた。国民の中でも、「中国、韓国になめられるな!」「国交断絶してもいい!」と口走る人間もいた。狭いナショナリズムが急激に頭をもたげてきていた。「戦争も辞さず」の危険なナショナリズムだ。

両陛下はこれに対し何ら発言しない。政治的発言はできないからだ。しかし、サイパンに行かれた。国家を越えて犠牲者の霊を慰められた。行動で示されたのだ。どんなことがあっても、もう国交断絶とか戦争などはしてはならないと。

天皇に期待する左翼

両陛下の慰霊の旅に感動し、涙したのは何も保守的な人だけではない。新聞記者もそう言っていたし、左翼的な人も言っていた。左翼の人の中にははっきり天皇制を認め、天皇に期待する人までいる。これには驚いた。

二〇〇五年（平成十七）六月二十二日、僕はテレビ朝日の『ワイドスクランブル』で塩見孝也さん（元赤軍派議長）と討論した。靖国、防衛、天皇問題についてだ。塩見さんは「象徴天皇制はよく機能している。支持する」と言う。その上で護憲だと言う。元赤軍派も天皇を認めるのか。これが本当に「天皇の赤子《せきし》」かもしれない。

でも学生運動が荒れ狂っていた六〇年代後半は、こんな甘いことは言ってなかった。大菩薩《だいぼさつ》峠に集結した赤軍派が首相官邸を襲撃し「東京戦争」を闘う。そして日本に革命を起こす。天皇制を打倒し、革命憲法を作る。日本は共和制になり、「日本民主主義人民共和国」になる。塩見さんは初代の大統領になる。そういう壮大な話だった。だが、大菩薩峠は警察に急襲され、全員が逮捕。東京戦争も夢に終わった。残った人間の一部は、「よど号」をハイジャックして北朝鮮に「亡命」した。さらに残った一部は京浜安保共闘と合流し、「連合赤軍」をつくり、仲間のリンチ殺人、あさま山荘事件と続く。そして左翼は終わった。

「そうだな、あの時はプロ独憲法を作ろうとしたんだ」と塩見さんは言う。プロ独憲法とは、プロレタリア独裁憲法だ。天皇制は打倒、企業の国有化、私有財産の禁止、そして強力な軍隊（赤軍）を作り、徴兵制を敷く。凄い計画だ。

「その時は天皇をどうするつもりだったんですか。処刑するんですか。国外追放ですか」と聞いた。「いや、そんな残忍なことは考えてない。せいぜい一般人民に戻すくらいだ」と言う。でもこれは嘘だ。仲間だって「革命的でない」と査問し殺す人間たちだ。天皇にだけ温情をかけるはずがない。実際、当時は彼らは、「天皇は日本人民を抑圧してきた元凶だ」「処刑しろ」「国外追放しろ」と口走っていた。それから三十五年が経ち、今だから「一般人民に戻すだけだ」と言ってるのだろう。

しかし、ソ連、東欧は崩壊し、日本の左翼も壊滅状態だ。「革命の祖国」ソ連もない。だからといって、元革命家が象徴天皇制に寄りかかっていいものだろうかと疑問に思った。左翼の側でも地殻変動が起きているのだろう。

十四年前、映画監督の若松孝二さん（故人）と雑誌『まとりた』で対談した時から、そのことを感じていた。若松さんは日本赤軍の重信房子らと親しく、何度もアラブに行き、『赤軍・PFLP　世界戦争宣言』という映画も撮っている。日本赤軍の黒幕だと警察には目を付けられている。その「極左」の若松さんが、天皇に対する期待を語ったんだ。

「今の時代なんか、こういうこと言うと批判されるかもしれないけど、天皇には政治にもうちょっと関わってほしいと思うくらいですよ」

「おい、小泉それはやめとけ」とか、「自衛隊はアフガンに行くのはやめろ。我々は失敗したじゃないか」と小泉を叱ってほしいと言う。右翼でもここまでは言わない。天皇に対するもの凄い期待だ。

そして今回の両陛下のサイパン慰霊だ。左翼の人達でも涙を流した人がいる。やっぱり皇室は続いてほしいと思う。もう天皇制打倒と言う人はいない。右も左も天皇制の存続を願っている。そして、限度を越えた期待までも口にする。「小泉を叱ってもらいたい」という期待も、「次は男の子を生んでもらいたい」という期待も、善意からだろうが、限度を越えた期待だ。それらから離れたところで、天皇はもっともっと自由に、のびやかにお仕事をしてほしいと思う。

「天皇」であることの覚悟

話は変わるが、二〇〇五年（平成十七）六月に、奥崎謙三が死んだ。ニューギニアで生死の境を彷徨い、帰国した元「皇軍兵士」だ。映画『ゆきゆきて神軍』（原一男監督）で見た人もいるだろう。この映画の撮影中に、元上官の家へ抗議に行き、出てきた息子を銃で撃ち、殺人未遂で逮捕されている。一九八三年（昭和五十八）のことだ。懲役十二年の判決を受けた。出所後、僕は何度か会った。

奥崎を有名にしたのはこの事件と映画だけではない。一九六九年（昭和四十四）のパチンコ玉事件もある。この年の一般参賀の時、天皇に向けてパチンコ玉を発射した事件だ。玉は届かなかったが、この事件に慌てて、お立ち台には防弾ガラスが取り付けられた。いくら安全のためとはいえ、これは行き過ぎだと思う。

その原因を作った奥崎が死んだから、という訳ではないが、ガラスの仕切りは取り外したほうがいいだろう。もうあんなことをする人間はいない。皇居に入る時に私物チェックをされてるんだし。また、皇室の方々には、それだけの覚悟もしている。それなのに防弾ガラスで国民との間を遮断するなど、失礼な話ではないか。

パチンコ玉事件だけではない。天皇の受難は多い。昭和天皇は摂政だった一九二三年（大正十二）十二月二十八日、難波大助に銃で撃たれた。いわゆる虎ノ門事件だ。幸い弾は外れたが危ないところだった。一九五九年（昭和三十四）、皇太子さま（現天皇）と正田美智子さまの結婚祝賀パレードの時、十九歳の青年が投石し、馬車に駆け上った。また、一九七五年（昭和五十）五月、皇太子殿下（現天皇）御夫妻が沖縄を訪問した際、左翼過激派に火炎瓶を投げつけられ、足元で燃えた。数え上げたら、まだまだある。でも、ひるまず、毅然としてお仕事を続けられている。「覚悟」が違うのだ。それなのに、前章で見たように、役人たちは「自覚のない天皇が出たらどうしよう」「野心のある天皇が出たらどうしよう」と、ありもしない心配ばかりしている。不敬な話だ。こんな連中の方が、自覚も何もないのだ。

受難史で思いだしたが、敗戦直後、昭和天皇は全国をくまなく巡幸された。敗戦で打ちひしがれている国民を少しでも励まし、元気づけたいと思ったからだ。しかし、治安も悪く、世情騒然としている時だ。「天皇制打倒」を叫ぶ人も多かった。警察は弱体で守り切れない。それなのに、よくＧＨＱは許可したと思った。彼らだって守り切れない。もし何かあったらどうする気だったのか。

多分、「その時はその時だ」とGHQは思ったのだろう。本当は天皇制を廃止したかったが、占領統治のために存続を認めた。マッカーサーも天皇に会ってその無私の人格に打たれた。その他、いろんな理由があって、天皇制は残った。占領軍の強権によって天皇制を廃止したら内乱が起こり、占領行政はうまくいかない。しかし、天皇が巡幸し、そこで何かがあったとしても、それは日本人同士の事故、事件だ。GHQは関知しない。かえって都合がいいかもしれない。

GHQはそこまで考えたに違いない。実際、天皇は行く先々で、国民にもみくちゃにされ、警備などまったく役に立たなかった。何せ、混雑の中で靴が脱げて、なくしたということもあったほどだ。宿がとれなくて列車で寝たこともあった。しかし、昭和天皇は初めから覚悟の上だった。マッカーサーに会って、「自分の身はどうなってもいい。国民を助けてほしい」と言われた天皇だ。巡幸で何があっても、覚悟の上なのだ。幸い、事故は起きなかった。それどころか全国で大歓迎された。みな涙を流して天皇を迎えた。

赤旗をもって抗議しようとした人々も天皇を間近で見ると赤旗を捨て、「天皇陛下万歳」を叫んだという。本当かなと僕は思っていた。天皇制擁護論者が作った話じゃないか。敗戦後の新しい「神話」だと思っていた。ところが、両陛下のサイパン慰霊に左翼の人達も涙を流して感動したという話を聞くと、赤旗を捨て万歳をした人々の話もありうると思う。

敗戦直後の巡幸では、アメリカの思惑も裏目に出た。国内には天皇の戦争責任を問う声が多い。天皇への怨嗟《えんさ》の声が満ち満ちている。きっと路上から罵倒の声を浴びせられ天皇も立ち往生すると思ったのだろう。ところが、そうはならなかった。国民は熱狂的に歓迎し、ここから復興への国民の決意が生まれた。復興の歩みが始まった。

さらにGHQは天皇制を残すにしても、できうる限り弱体化しようとした。十一宮家の臣籍降下を強行したのもそうだ。側室制は日本側から自発的に取りやめた。これで天皇制は立ち枯れると思ったのだろう。残念ながら、これは現実になりつつある。

皇室の危機だ。だからこそ全国民が心配し、知恵を出し合って考えている。ただ、熱心なあまり、「俺の考えだけが正しい」「何としてもこれだけは聞き届けてもらおう」となっては、無理強いになる。失礼になる。僕の主張もそうなったかもしれない。これは反省している。最後は天皇陛下にお任せし、判断してもらえばいい。ただ、今はあらゆる可能性について考えるべきだ。この本もそれに役立てば幸せだ。また、専門的な本の多い中で、何とか分かりやすい本にしようと苦労した。一緒に考えてほしいと思う。

歴代天皇一二五代 系譜

凡例 □＝天皇　数字＝天皇の歴代数　┃■┃は一代　＝は婚姻関係　北は北朝の天皇

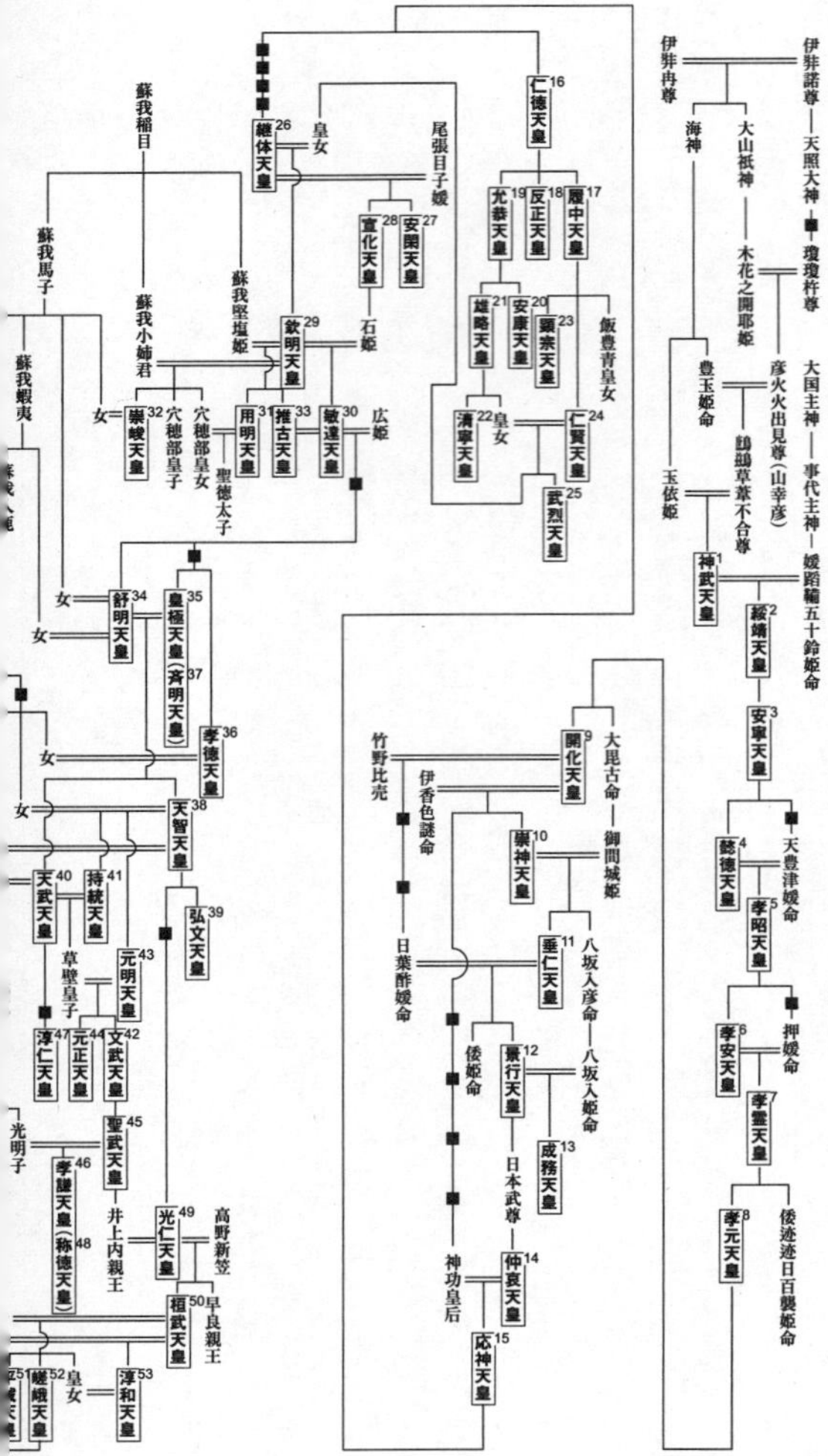

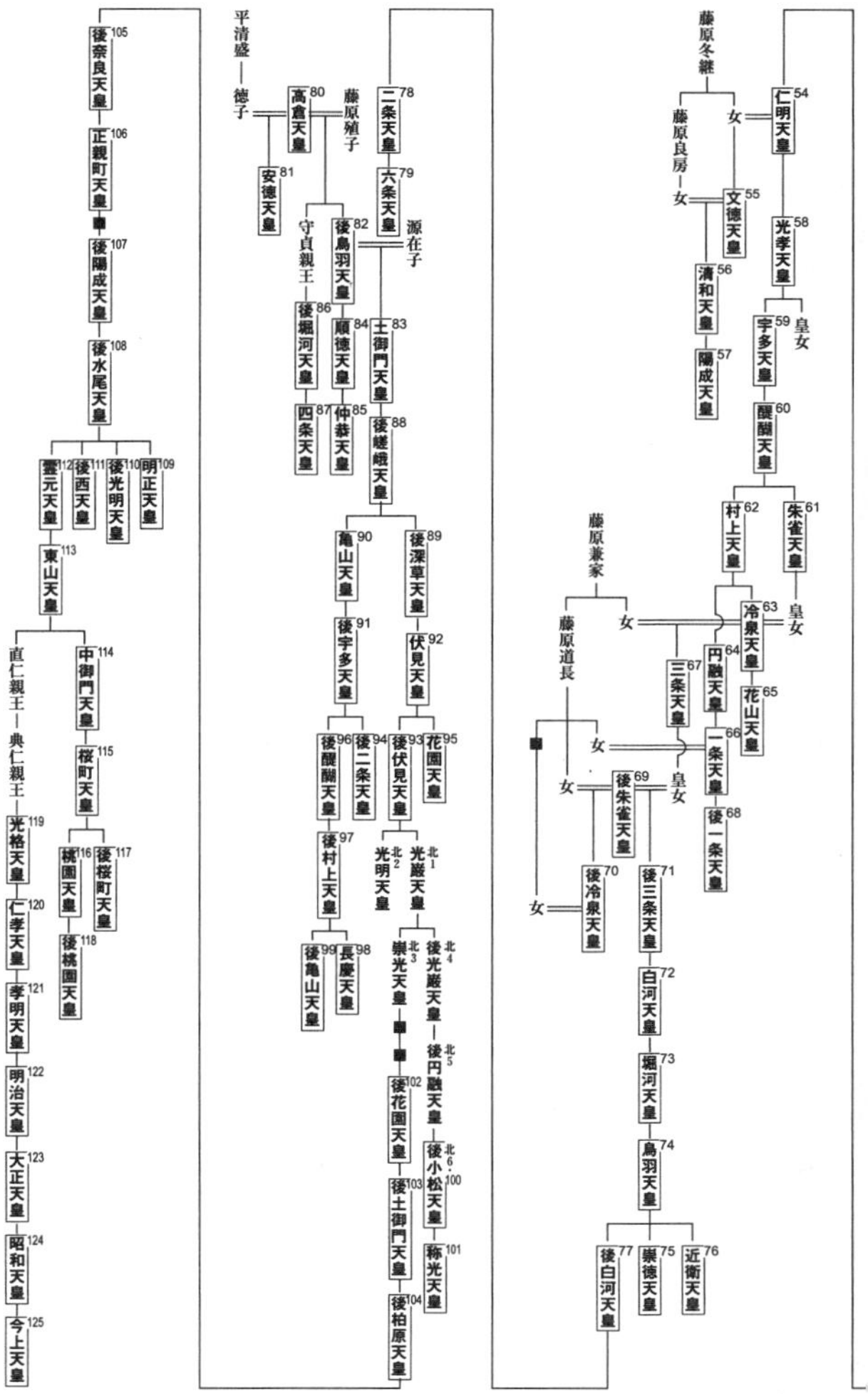
藤原冬継
藤原良房
女
54 仁明天皇
55 文徳天皇
女
56 清和天皇
57 陽成天皇
58 光孝天皇
59 宇多天皇
皇女
60 醍醐天皇
61 朱雀天皇
62 村上天皇
皇女
63 冷泉天皇
64 円融天皇
65 花山天皇
藤原兼家
女
67 三条天皇
藤原道長
女
66 一条天皇
皇女
女
68 後一条天皇
69 後朱雀天皇
女
70 後冷泉天皇
71 後三条天皇
72 白河天皇
73 堀河天皇
74 鳥羽天皇
75 崇徳天皇
76 近衛天皇
77 後白河天皇
78 二条天皇
79 六条天皇
源在子
平清盛
徳子
80 高倉天皇
藤原殖子
81 安徳天皇
82 後鳥羽天皇
守貞親王
83 土御門天皇
84 順徳天皇
85 仲恭天皇
86 後堀河天皇
87 四条天皇
88 後嵯峨天皇
89 後深草天皇
90 亀山天皇
91 後宇多天皇
92 伏見天皇
93 後伏見天皇
94 後二条天皇
95 花園天皇
96 後醍醐天皇
97 後村上天皇
98 長慶天皇
99 後亀山天皇
北1 光厳天皇
北2 光明天皇
北3 崇光天皇
北4 後光厳天皇
北5 後円融天皇
北6・100 後小松天皇
101 称光天皇
102 後花園天皇
103 後土御門天皇
104 後柏原天皇
105 後奈良天皇
106 正親町天皇
107 後陽成天皇
108 後水尾天皇
109 明正天皇
110 後光明天皇
111 後西天皇
112 霊元天皇
113 東山天皇
114 中御門天皇
直仁親王
典仁親王
115 桜町天皇
116 桃園天皇
117 後桜町天皇
118 後桃園天皇
119 光格天皇
120 仁孝天皇
121 孝明天皇
122 明治天皇
123 大正天皇
124 昭和天皇
125 今上天皇

あとがき

本書『『皇室典範』を読む』は、十一年前に鈴木邦男氏との共著として刊行した『天皇家の掟』を大幅に加筆・修正し、再刊行したものだ。

二〇〇五年当時は皇族に若い男子が存在しなかったため、将来、皇位継承が成立しなくなる可能性が高まっており、皇位継承制度を規定している『皇室典範』を改正すべきだという議論があった。そこで、『皇室典範』を理解するための基礎知識をまとめたものとして、鈴木邦男氏とともに『天皇家の掟』を執筆した。

鈴木邦男氏は新右翼団体「一水会」を創設、代表となり、現在は評論家として活躍している。皇位継承の問題や天皇の存在は、保守・革新・右翼・左翼など、その立場によって意見の違いが浮き彫りになりやすいテーマだったが、近年、その境界線は変化し流動化しつつある。鈴木氏は新右翼を標榜して活動を続けてきたものの、その思考と主張は立場にとらわれない。皇位継承や生前退位の問題に関しても、固定概念を捨てて論じる。そして、皇室をめぐる問題とまっすぐに向き合う鈴木氏の主張には、常に「真の敬意とは何か」という問いかけがある。

鈴木氏の主張に触れながら『皇室典範』を読み込み、執筆していくなかで、徐々に気づいたことがあった。天皇という職務に課せられた不自由である。職業選択の自由はなく、男系男子による皇位継承を課せられ、退位の自由もない。それでいて、憲法に「日本国の象徴であり日本国民統合の象徴」とあるように、「象徴天皇」という姿を求められる。そして「象徴とは何か」ということについては、憲法に明記されていない。これは非常に困難な職務であり、制度として維持しながら担《にな》っていただくのはあまりに過酷である。

しかし、驚くべきことに、この「象徴天皇」という答えのない職務に対し、今上《きんじょう》天皇は真摯に向き合って活動を続けられ、国民の尊敬を集めるかたちで体現されている。

象徴天皇制の「象徴」の意味は、現在その立場にいる今上天皇のこれまでの行動と人間性によって形成されている。象徴天皇制が成り立っているのは、今上天皇個人の不断の努力によるものだということを、私たち忘れてはならない。

そして、この二〇一六年に天皇陛下の生前退位問題が浮上した。「国政に関する権能を有しない」という制限の中で、細心のご配慮をされながら、「退位」という単語を一言も使わずに、率直なお気持ちを表明されたビデオメッセージのお言葉は、天皇という職務の困難を理解すればするほど、深く共感するものだ。

象徴天皇制は、天皇陛下や皇族の人間性をないがしろにすることなく存続させるべきだ。しかし、生前退位問題と皇位継承問題を、『皇室典範』を参照しながら考えてみると、現在の皇室制度は、人間として無理な難題を押し付けているように感じる。今上天皇は即位されてから、象徴天皇として常に国民に寄り添ってこられた。その姿に国民はどれだけ慰められ、支えられてきたことか。そうであるならば、今度は国民が天皇陛下に寄り添う必要があるのではないだろうか。そして象徴天皇制や皇室制度の維持についてだけでなく、天皇の人権について議論する必要がある。天皇も皇族も一般国民も同じ人間だ。私たちには皆、幸福を追求する権利があるはずだ。

二〇一六年九月

佐藤由樹

参考文献

本書作成にあたり、参考にさせていただいた文献の一部を掲載させていただく。皇位継承についてさらに深く理解したい読者の方々は、これら諸先生方の著作を読まれることをお勧めしたい。

井上光貞他『新詳説日本史』改訂版（山川出版社）
猪瀬直樹『天皇の影法師』（朝日新聞社）
岩井忠熊『近代天皇制のイデオロギー』（新日本出版社）
梅澤恵美子『天皇家はなぜ続いたのか』（KKベストセラーズ）
奥平康弘『「萬世一系」の研究　「皇室典範的なるもの」への視座』（岩波書店）
笠原英彦『天皇親政　佐々木高行日記にみる明治政府と宮廷』（中央公論社）
笠原英彦『歴代天皇総覧』（中央公論新社）
笠原英彦『女帝誕生　危機に立つ皇位継承』（新潮社）
亀田隆之『皇位継承の古代史』（吉川弘文館）
河原敏明『天皇裕仁の昭和史』（文藝春秋）
北畠親房『神皇正統記』松村武夫訳（教育社）

小室直樹『痛快！憲法学』（集英社インターナショナル）
斎川眞『天皇がわかれば日本がわかる』（筑摩書房）
神野志隆光　大庭みな子『古事記・日本書紀』（新潮社）
鈴木晟『面白いほどよくわかる　世界の王室』（日本文芸社）
鈴木正幸『皇室制度』（岩波書店）
神一行『天皇家の人々　皇室のすべてがわかる本』（角川書店）
薗田香融『日本古代の貴族と地方豪族』塙書房
薗部逸夫『皇室法概論　皇室制度の法理と運用』（第一法規出版）
園部英一編『新天皇家の自画像　記者会見全記録』（文藝春秋）
高木きよ子『八人の女帝』（大明堂）
高橋紘　所功『皇位継承』（文藝春秋）
高橋紘『日本国憲法・検証 1945-2000　資料と論点　第二巻　象徴天皇と皇室』（小学館）
高橋紘『平成の天皇と皇室』（文藝春秋）
宝島30編集部編『「皇室の危機」論争』（宝島社）
所功『近現代の「女性天皇」論』（展転社）
中野正志『女性天皇論　象徴天皇制とニッポンの未来』（朝日新聞社）

永原慶二他編『講座・前近代の天皇1　天皇権力の構造と展開　その1』（青木書店）
永原慶二他編『講座・前近代の天皇2　天皇権力の構造と展開　その2』（青木書店）
原武史　保阪正康『対論 昭和天皇』（文藝春秋）
原武史『大正天皇』（朝日新聞社）
原武史『可視化された帝国』（みすず書房）
原武史　吉田裕編『天皇・皇室辞典』（岩波書店）
保阪正康『天皇家とその時代』（朝日ソノラマ）
松藤竹二郎『日本改正案　三島由紀夫と楯の会』（毎日ワンズ）
村上重良『日本史の中の天皇』（講談社）
横田耕一『憲法と天皇制』（岩波書店）
吉本康永『ひざまずく天皇　団塊がいま「皇室」に想うこと』（三五館）
渡辺治『憲法「改正」の論点——資料で読む改憲論の歴史』（旬報社）

「皇室典範に関する有識者会議」（URL http://www.kantei.go.jp/jp/singi/kousitu/）配付資料

本書は二〇〇五年八月に刊行された『天皇家の掟』（祥伝社新書）を大幅に加筆・修正して文庫化したものです。

『皇室典範』を読む

一〇〇字書評

購買動機（新聞、雑誌名を記入するか、あるいは○をつけてください）

- □（　　　　　　　　　　　　）の広告を見て
- □（　　　　　　　　　　　　）の書評を見て
- □ 知人のすすめで
- □ タイトルに惹かれて
- □ カバーがよかったから
- □ 内容が面白そうだから
- □ 好きな作家だから
- □ 好きな分野の本だから

●最近、最も感銘を受けた作品名をお書きください

●あなたのお好きな作家名をお書きください

●その他、ご要望がありましたらお書きください

住所	〒				
氏名		職業		年齢	
新刊情報等のパソコンメール配信を 希望する・しない	Eメール	※携帯には配信できません			

あなたにお願い

この本の感想を、編集部までお寄せいただけたらありがたく存じます。今後の企画の参考にさせていただきます。Eメールでも結構です。

いただいた「一〇〇字書評」は、新聞・雑誌等に紹介させていただくことがあります。その場合はお礼として特製図書カードを差し上げます。

前ページの原稿用紙に書評をお書きの上、切り取り、左記までお送り下さい。宛先の住所は不要です。

なお、ご記入いただいたお名前、ご住所等は、書評紹介の事前了解、謝礼のお届けのためだけに利用し、そのほかの目的のために利用することはありません。

〒一〇一-八七〇一
祥伝社黄金文庫編集長　岡部康彦
☎〇三（三二六五）二〇八四
ohgon@shodensha.co.jp

祥伝社ホームページの「ブックレビュー」からも、書けるようになりました。
http://www.shodensha.co.jp/bookreview/

祥伝社黄金文庫

『皇室典範《こうしつてんぱん》』を読《よ》む
天皇家を縛る「掟」とは何か

平成28年9月20日　初版第1刷発行

著　者　鈴木邦男《すずきくにお》　佐藤由樹《さとうゆうき》
発行者　辻　浩明
発行所　祥伝社《しょうでんしゃ》
〒101－8701
東京都千代田区神田神保町3－3
電話　03（3265）2084（編集部）
電話　03（3265）2081（販売部）
電話　03（3265）3622（業務部）
http://www.shodensha.co.jp/

印刷所　萩原印刷
製本所　ナショナル製本

　ISBN978-4-396-31699-0 C0131

祥伝社黄金文庫

渡部昇一
日本そして日本人
日本人の本質を明らかにし、その長所・短所、行動原理の秘密を鋭く洞察。現代人必読の一冊。

渡部昇一
日本史から見た日本人・古代編
日本人は古来、和歌の前に平等だった……批評史上の一大事件となった渡部史観による日本人論の傑作！

渡部昇一
日本史から見た日本人・鎌倉編
日本史の鎌倉時代的な現われ方は、昭和・平成の御代《みよ》にも脈々と続いている。そこに日本人の本質がある。

山本七平
人望の研究
二人以上の部下を持つ人のために

人望こそ人間評価最大の条件。集団におけるリーダーの条件としての「人望ある人」とはどんな人物かを解明。

山本七平
論語の読み方
いま活かすべきこの人間知の宝庫

「優れた西洋思想の研究家である著者が、東洋最大の古典に挑み、現代的価値を引き出した」（遠藤周作氏）

米長邦雄
勉強の仕方
「得意な戦法を捨てられるか」「定跡否定から革新が生まれる」――読む